인문의
숲으로 가다

인문의
숲으로 가다

초판 1쇄 발행 2018년 12월 17일

지 은 이 김정숙
발 행 인 권선복
편   집 한영미
디 자 인 김소영
전 자 책 서보미
발 행 처 도서출판 행복에너지
출판등록 제315-2011-000035호
주   소 (07679) 서울특별시 강서구 화곡로 232
전   화 0505-613-6133
팩   스 0303-0799-1560
홈페이지 www.happybook.or.kr
이 메 일 ksbdata@daum.net

값 15,000원

ISBN 979-11-5602-678-5   (03190)

Copyright ⓒ 김정숙, 2018

도서출판 행복에너지는 독자 여러분의 아이디어와 원고 투고를 기다립니다. 책으로 만들기를 원하는 콘텐츠가 있으신 분은 이메일이나 홈페이지를 통해 간단한 기획서와 기획의도, 연락처 등을 보내주십시오. 행복에너지의 문은 언제나 활짝 열려 있습니다.

인문의
숲으로 가다

김정숙 지음

관악구 ○○번지
인문대학 8동 6층 보름홀

도서
출판 행복에너지

삶이란 결국 사람의 이야기, 사람 사이의 관계, 그 속에서 일어나는 다이내믹한 역동성의 이야기입니다. 한 직업에 매몰되어 살다가 세상 밖으로 나온 난 사람공부가 제대로 됐을 리 없습니다. 미국에서 십수 년, 수많은 사람을 만나고 그들과 관계하면서 사람공부를 했지만 여전히 내게 남은 건 '모르겠다.'였습니다. 성공을 위해 언제나 앞과 위만 보고 달렸습니다. 그리고 넘어지고 깨졌습니다. 앞만 보고 달리는 경주마였고 내가 바라는 것은 저 위쪽 어딘가에 있다고 믿었습니다. 사랑도 성공도 행복도….

인문의 숲에서 만나는 진리는 내가 찾아 헤매던 사랑과 우정의 파랑새가 내 옆과 뒤에 있다는 것이었습니다. 내 옆의 가족과 친구, 내 직원들을 통해, 그리고 내가 남겨놓고 떠나온 내 뒤의 과거, 역사 속 과거가 현재의 나를 만들었음을 잊었습니다. 고전이라면 고리타분하다며 진저리를 치던 유치함이 어느새 역사 속 인물들과 만나고, 그분들의 말이 세상을 베는 마음의 칼이 됨을 배웁니다. 둔탁해진 마음의 칼을 벼려야 다음을 살 수 있음을 압니다.

내 이런 갈등과 고민을 글로 적었고, 한국에 돌아와선 유튜브를 통한 각양각색의 사람공부 영상을 접했습니다. 플라톤 아카데미, 법륜 스님, 세바시, TED 등등…. 거리의 인문에서 다시 상아탑의 인문학을 찾아 관악산 숲으로 들어갔습니다.

말은 많은데 여전히 답은 없는 답답함 속에 있던 내게 서울대 최고 지도자 인문학강좌 기회가 오고, 그것은 내 배고픈 영혼의 허기를 달래주는 인문학강의였습니다. 삶의 전환기에 만난 절박한 갈증을 달래고 마음의 칼을 다시 가는 시간이었습니다.

최고의 지성으로 간주되고 있는 상아탑 속 서울대 인문대학의 인문은 거리의 인문과는 어찌 다를까, 박제되어 고리타분한 곰팡이가 핀 그저 낡고 고집 센 고전은 아닐까…. 염려가 더 컸다는 고백을 하지 않을 수 없습니다.

그날 밤, 첫 입학식 환영인사, 비는 억수같이 쏟아지고 관악산 끝자락 호암 교수회관에서 있었던 일은 명징하게 내 기억 속에 저장되어 있습니다.

"인문학의 샘으로 여러분을 초대합니다. 인문학에 마음껏 취하십시오."

그렇게 각 분야의 사람, 문화, 역사의 전문가인 교수 분들의 손을 잡고 한 발 한 발 상아탑 속 인문학의 세계로 들어갔습니다.

내겐 그저 박제된 고리타분했던 인문학 속의 위인들이 고정관념을 깨고 다시 살아나 말합니다. 공자, 셰익스피어, 단원 김홍도 등등.

"나 역시 별 볼 일 없는 흙수저였고 차별받는 서얼이었으며 부동산을 탐내는 욕심 많은 사람이었으며 여러분과 별반 다르지 않았습니다. 위인화되어 상아탑 속에 있지만 나 또한 그대와 같은 평범함 사람이었음을 기억하세요. 단지 내겐 꿈을 기적으로 만들 열정이 있었습니다."

매 순간이 삶의 한가운데인데 그걸 간과하고 언제나 내일만을 기대하고 살았습니다. 이제 인문학적 도구인 책들과 사유를 통해 지금에 집중하고 옆과 뒤를 돌아보려 합니다.

기적을 바라지 않고 스스로 기적이 된, 위인이 된 사람들의 이야기가 관악산 인문의 숲에서 만난 사람들입니다. 인문학빌딩 8동 6층 보름홀입니다.

'삶의 이유를 확실히 하라!'는 정언명령定言命令적 화두를 들고 나는 오늘도 관악산 인문의 숲으로 갑니다.

Contents

Part 1

**상아탑
인문학이
내게 답하다**
제23기
서울대학교 최고지도자
인문학과정 일부 8강의

Part 2

Part 1

Part 1

상아탑
인문학이
내게 답하다

– 제23기 서울대학교 최고지도자
인문학과정 일부 8강의

공자가 리더에게

- 서울대학교 중어중문학과 이강재 교수

좋은 사람을 닮아 가십시오. 떠나려는 사람이 많다면 결코 좋은 리더가 될 수 없습니다.

훌륭한 리더는 함께하고 싶어 찾아오는 사람이 많아야 합니다. 포용력과 소통이 사람을 다가오게 합니다.

공자는 기원전 5세기(BC 551~479) 사람입니다. 그의 제자들이 기록한 『논어』는 군자, 지금의 여러분과 같은 사회지도자들을 위한 지침서입니다.

열등감이 삶의 가장 큰 원동력이었음을 입증한 인물이지요. 그는 귀족도 아닌 중인 출신이었으며 권력의 가장자리에 있으면서 끊임없는 갈등 속에 있었으리라 짐작됩니다. 자기개혁을 통해 자기 사상의 기초를 만들기까지 삶에 대한, 권력에 대한 생각을 고찰하고, 군자 즉 리더는 어떠해야 하는지 등의 고민과 끊임없는 역경을 통해 훌륭한 리더가 되고 마침내 유교를 완성합니다. 인의예지를 통한 이상적 국가, 군자의 나라를 만들고자 세상을 주유합니다.

여러분의 나이가 너무 많다고 움츠러드십니까? 평균수명이 30~40세이었을 그 시대 공자는 55세에서 69세에 제자들을 이끌고 주유천하를 합니다. 지금의 자동차도 마차도 없었을 그 당시 노구를 이끌어 많은 제자들을 데리고 세상을 주유할 때 제자들도 아마 그의 비전과 실행력에 반했을 겁니다. 사람들 사이에 일어날 무수한 갈등과 음모 속에 있었을 테지요. 그래서 그는 인과 예를 깃발 삼아 앞장을 서고 제자들이 따릅니다.

그의 첫 번째 비전 '인'은 사랑입니다. 이는 그들 모두의 비전이면서 행동강령이었을 겁니다.

타인을, 아랫사람을 사랑할 것. 이는 서구의 예수의 사상과 맥을 같이합니다.

변할 수 없는 삶의, 인문학의 지표 중 하나입니다. 누구는 쾌락을, 무위를 지표로 삼을 때, 그는 인이라는 푯대를 잡습니다. 인문의 숲에 달린 많은 것들, 사람을 살게 하고 모이게 하며 가치 있는 삶의 수많은 지표 중 사랑만 한 것은 없었을 겁니다. '인'만큼 제자들을 따르게 하고 통솔할 수 있는 무기가 있었을까요?

여러분의 삶을 이끄는 지표, 비전은 무엇입니까?

학벌제일주의 한국에서 서울대가 아니면서 이미 성공한 여러분입니다. 나이 때문에 사회로부터 물러나야 한다는 불안감 속에 있나요? 공자를 보세요. 지금 나이로 80이 넘은 그의 나이에 제자들을 이끌고 주유천하를 실행합니다.

본인을 갈고 닦아 다시 시작하십시오.

의욕만으로 일을 하기엔 만만치 않은 세상임을 이미 몸으로 터득한 여러분입니다. 조심스럽고 치밀하게 준비해서 끝내 그것을 완수할 수 있는 인간형. 그게 공자가 말한 리더, 논어의 주된 가르침입니다.

즐기면서 일하십시오.

무한경쟁 시대인 지금 나라나 조직을 망하게 하는 것 역시 사람, 리더입니다. 리더가 현재에 만족할 때, 조언해 줄 사람을 갖지 못할 때, 실패입니다.

소통이란 일방적인 게 아니라 쌍방향입니다. 서로 인정하고 받아들이는 게 소통입니다.

오래전에 살았던, 상아탑 속에 박제된 것으로 치부된 공자가 다시 살아나 당신들에게 말합니다.

앞으로 나아가세요. 사랑이 기적입니다.

유라시아의 쿠르간과
신라왕릉

- 서울대학교 국사학과 권오영 교수

여러분은 지금부터 저와 함께 시간을 거슬러 천년고도 경주왕릉의 세계로 갑니다. 까마득히 먼 세상으로의 시간여행이 무덤 속에서 펼쳐질 겁니다.

송파구의 백제고분을 발굴하며 폭력배들과 그곳의 토지주인들, 그리고 수많은 주변인들을 만났습니다. 아등바등 현실의 삶을 사는 그들에게 유적을 위해 재산권을 포기하라는 말이 쉽지 않습니다. 그러나 과거의 역사가 사람들을 끌어 모으며 관광산업이라는 새로운 먹거리가 되면 이야기가 달라지지요. 저는 왜 수천 년의 시간을 거슬러 올라간 역사의 퍼즐조각들을 땅속 무덤에서 찾으며 평생을 보내는 걸까요? 저도 모릅니다. 단지 이 일이 소명이 되어버렸으니까요.

고고학자인 제가 하는 일이 무덤을 파고 수천 년의 세월을 땅속에 묻혀 있다 존재를 드러내는 인골들과 장식품, 순장된 사람들, 표지석들을 통해 역사의 퍼즐을 맞춰 가는 것입니다.

땅속에서 모습을 드러내는 그 시대의 문화, 습관, 그리고 사랑까지…. 하지만 어떤 것도 일목요연하게 모습을 드러내진 않습니다. 토기 한 조각의 빗살무늬를 통해, 오래된 책이나 죽편 속 한 줄을 통해 역사의 극히 일부만을 보이는 것. 우리로 하여금 끊임없이 상상하고 추측하며 근거를 찾게 독촉합니다. 인간의 문화가 형성된 과거를 찾아 현대를 사는 우리 앞에 들이밀고 미래를 예측하라고 다그칩니다.

백제 서동과 신라 선화공주의 사랑이야기로 알았는데 익산에서 발견된 사택왕비의 표지석이 백제무왕 서동의 왕비랍니다. 우리의 선화공주는 어디로 갔을까요? 『삼국유사』 한 소절에 얼굴을 비친 그녀는 어디서 왔을까요? 우리들 누구도 자세히 알지 못하는 천 년의 사랑을 따라 그 퍼즐을 맞추다 발견된 사태왕비 한 글자가, 아름다운 사랑꾼 서동의 사랑이야기를 다시 써야 하는 일이 되어버렸습니다. 그 모든 진실이 땅속 어딘가에 묻혀 있을 겁니다.

다시는 남의 무덤을 파지 말라 하는 내 조부의 말씀을 거역하며 전 아직도 역사의 퍼즐을 찾아 세계를 떠돕니다. 우리의 신라가 유라시아 대륙을 넘어 서역까지 연결고리를 표시하며 고고학자인 저에게 말을 합니다. 밝혀라. 난 여기 땅속에 그대가 찾을 때까지 잠들어 있으니….

중국 진시황의 병마용. 죽은 사후를 위해 왕궁과 병사들 말까지 그대로 만들어 지하세계에 묻었던 그에게 미래란 오직 과거 영광의 재현, 불로초를 찾아 영원히 죽지 않길 꿈꾸던 그의 지하세계가 우리에게 말하는 것은 무엇일까요. 신라 왕릉의 원형이 유라시아 쿠르간에 존재하고 각종 구슬과 유리잔들이 동일하게 출토되고 있습니다. 이는 또 무엇을 의미하는 걸까요?

온 세상이 서로 연결되고 교역을 통해 문화가 교류되던 소통의 시대가 이미 그때도 지금처럼 있었습니다. 고고학자들의 손에 의해 세상 밖에 모습을 드러낸 과거의 모든 역사들이 현대를 사는 우리에게 묻고 있습니다.

"난 누구인가? 지금 어디에 있는가? 어떤 모습으로 사라질 건가?"

아무 데도 길이 없는 듯해 인생의 전환점을 모색하는 우리 모두에게 무덤 속 살아 있는 과거의 인물들이 말을 합니다.

nowhere, 아무 데도 없는 듯한 답답함에서 한 칸만 띄워 쓰면 now here! 지금 여기가 됩니다. 자기가 발을 딛고선 이 자리에서 지금 다시 시작하라고 역사는 말을 하고 있습니다.

다시 꿈을 따라가는 게 맞습니다.

경주왕릉, 백제 무왕의 무덤, 광개토대왕의 태왕릉이 말하는 인문학적 의의는 지금, 여기서 다시 시작하라는 겁니다. 꿈은 결코 늦지 않습니다.

바로 이 순간을 온전한 나로 살기 위해 노력해야 합니다. 미래에 대한 불안으로 불로초를 찾고 병마용, 지하왕궁을 지었지만 그는 죽고 아무것도 가질 수 없었습니다. 죽음에 대한 불안, 그 무덤만이 존재할 뿐….

그가 가르치는 것은 간단합니다. 오직 이 순간만이 존재한다는 것.
삶은 바람처럼 지나갑니다.

김홍도: 거장의 세계

- 서울대학교 고고미술사학과 김진성 교수

우리나라 보물527호인 단원 풍속화첩입니다. 훈장에게 꾸중을 듣고 홀로 울고 있는 아이, 그 아이를 지켜보며 깔깔 웃는 친구들… 정말 출중하고 타의 추종을 불허하는 재능을 가진 인물이 김홍도였습니다. 김홍도 역시 제대로 성공한 도화서 화원 출신이 아닙니다. 그림과는 전혀 상관없던 몰락한 무관 집안 출신으로 그가 가졌던 열등감이 독보적인 능력을 가진 그림을 그리는 데 원동력이 되었을 겁니다. 오직 실력만으로 당대의 최고가 된 그의 노력과 재능. 우리에게 시사하는 바가 크지 않습니까? 천재성 뒤에 가려진 김홍도의 새롭고 혁신적인 화풍을 만들기 위한 피나는 자기개혁, 가진 것이 없는 결핍이, 그의 창의성의 원천이었을 겁니다.

김홍도 그림의 독창성에 우린 주목해야 합니다. 무에서 유를 창조하는 건 천재들만 그러합니다. 사람들 사이에 빼곡히 얼굴을 내밀고

있는 또 다른 인물들, 치마나 바짓가랑이에서 일필휘지로 꺾어 내려가는 그의 필선 등등….

모두가 베끼고 그 시대의 화풍 안에서 비슷비슷해지며 테두리를 벗어나지 못합니다.

현대도 마찬가지입니다. 예술도 기업도 삶도 1등을 하는 누군가를 따라 죽을 만큼 벤치마킹하면서 살아남습니다. 운 좋으면 적어도 2등은 합니다. 그러나 1등은 천재성이 있어야 합니다. 김홍도나 스티브 잡스 같은 소수의 인물들이 새로운 화풍을, 아이폰을 만듭니다.

김홍도의 삼공불환도는 중국의 문학작품을 그만의 방식으로 새로 해석해서 그렸고, 용주사후불탱은 불화에 서양화법을 섞었습니다. 기존의 것을 새롭게 해석하고 자기의 언어로 다시 쓰는 것. 그것도 창의성입니다.

전통적인 회화의 주제와 구성을 새롭게 해석해서 재창조한 것. 거기에 끊임없는 노력과 자기성찰과 자기혁신을 한 것. 그런 김홍도가 현대를 사는 우리에게 던지는 삶의 가치나 화두를 찾아보십시오.

한글과 레오나르도 다 빈치

- 서울대학교 국어국문학과 김성규 교수

"옆얼굴을 그려보세요."

어떻습니까. 거의 모든 분이 오른손잡이니 왼쪽 얼굴이 그려졌을 겁니다.

한글을 창제할 때 오른손잡이였던 세종은 이렇게 좌에서 우로, 오른쪽 뇌의 지배를 받는 왼쪽 얼굴을 선호하는 지금의 한글문자를 만들었습니다. 만약 왼손잡이였던 레오나르도 다빈치가 만들었다면 글씨를 좌우로 뒤집어서 우에서 좌로 가는 뒤집힌 글씨였을 겁니다.

이는 많은 걸 우리에게 이야기합니다. 훈민정음 해례본에 의하면 한글의 자음은 사람의 발음기관을 상형화하고 모음은 하늘, 땅, 사람을 상형화했다고 합니다.

표기방식도 소리 나는 대로 적는 음소주의와 현재의 맞춤법처럼 뜻을 밝혀서 읽기에 편한 형태음소주의가 있는데 애민사상에 투철했던 세종은 형태음소주의를 따랐습니다.

바라보는 사람 입장에서 만든 세종의 글꼴을 보며 무엇을 생각하십니까? 내가 아닌 남을 배려하는 것, 같음은 나누고 즐기며, 다름은 인정하고 존중해야 하는 것이 오늘을 사는 우리들의 자세여야 합니다.

결국 인문학이란 자기성찰이며 자기반성입니다. 나란 자체는 아무 것도 아닙니다. 꽃도 누군가 불러줄 때 비로소 꽃이 되듯, 누군가에게 보이는 나가 있을 뿐입니다. 아무런 관계가 없는 사물 간의 관련성을 생각할 때 인문학적 상상력이 생깁니다. 세종이 구개음을 본따 자음을 만들기 전엔 아무것도 존재하지 않았습니다.

말 못 하는 농아는 글은 읽을까요? 아이러니하게도 그들에게 글은 제2외국어입니다. 이중 언어로 배우지 않으면 읽고 쓰기가 안 됩니다. 세종이 처음 문자를 만들 때 그가 본 민초들이 그랬을 겁니다. 읽고 쓰지 못하는 이중 언어 장애를 가진 그들의 입장에서 어떤 게 편한지 부단히 고민했을 세종.

그러므로 상대가 누구인지, 그들에게 보이는 건 어떤 모습일지를 생각하는 것, 즉물적 풍경을 바라볼지라도 보는 이의 경험과 편견에 따라 해석이 달라집니다.

turning point 전환점이란 바로 그런 지점입니다. 모든 게 완전히 반대가 되는….

오른손잡이의 좌에서 우로 가는 글씨가 왼손잡이에선 뒤집힌 게 되는 것처럼 삶의 전환점은 완전히 이전과 다른 뒤집힌 글자의 세계와 같습니다.

그게 창의성입니다. 우리 삶의 전환점은 이런 창의성 위에 기초를 두어야 합니다.

50, 60대는 대나무의 마디처럼 인생의 또 다른 시작을 알리는 분명한 계기입니다. 새로운 시작을 위한 환승기, 전환기입니다. 상대방의 입장에서 나를 바라보는 것에서 새로운 삶의 모멘텀이 탄생하리라 믿습니다. 나는 아무것도 아닙니다. 누군가 나를 바라보고 불러줄 때 바로 내가 됩니다.

삶의 전환점이 될 단초를 찾지 못한다면 이건 어떻습니까?

삶의 마지막 순간에 난 어떤 모습으로 기억될 건가의 명제로 시작한다면 좀 더 쉽지 않을까요?

백성들의 입장에서 읽기 쉽고 쓰기 쉬운 글자 창제에 온몸을 던진 세종을 역사는 성군이라 부릅니다. 우리는 어떤 모습으로 기억될까요?

인생은 한 권의 책입니다. 어리석은 이들은 마구 넘기지만 현명한 이들은 열심히 읽습니다. 단 한 번밖에 읽을 수 없는 책이 인생입니다. 내일 죽을 것같이 오늘을 열심히 살아야 합니다. 세종이 그랬듯, 레오나르도 다 빈치가 그랬듯…. 사람이 기적을 만든다는 걸 입증한 분들입니다.

우리 안에 있는 역경극복의 유전자는 위기 앞에 무릎 꿇으면 죽습니다.

우리들 후손을 위해 우리는 역경과 실패를 돌파할 의무가 있습니다. 삶의 고비 고비마다 이들 유전자가 기적을 만듭니다. 헬렌 켈러가 그랬듯이 말입니다.

　우리의 세종이 소갈증이라는 당뇨와 싸우면서도 멈출 수 없던 열망이 후손인 우리들을 위한 글의 창제라는 기적으로 나타났습니다. 예술, 과학, 철학 모든 분야에 기적을 만든 다 빈치는 그 나름의 역경을 극복한 훌륭한 유전자의 예입니다. 우리들 속의 역경극복 유전자의 힘을 믿고 삶의 전환기를 맞이한다면 우린 삶의 기적을 경험할 것입니다.

　우리들 세포 하나하나에 불굴의 의지와 기적의 유전자를 새기십시오.

　인문의 숲에서 길어 올린 단어, 세종과 다빈치가 가졌던 열망이 기적을 만듭니다.

셰익스피어의 햄릿

- 서울대 영어영문학과 김보민 교수

※ 제 글로 원전 강의를 대신합니다.

나와 가장 가까이에 있는 햄릿

오늘도 밤새 잠 못 자는 내 안의 햄릿이 흉벽 사이를 왔다 갔다 했다.

방황하는 내 속의 햄릿. 가장 가까이에 와 있는 그를 본다. 중요한 일을 앞두고 결단을 내리지 못하는 그 고뇌의 대명사인 햄릿이 내 안에 있어 밤을 새우게 한다.

꿈을 좇아갈 것인가? 그러기엔 이미 알아버린 현실의 어려움을 모른 척할 수가 없다. 그냥 주저앉자니 아무것도 시도하지 못한 채 여기까지 온 불쌍한 인생이 눈에 밟힌다. 새로운 헬스케어 일을 앞에 두고 어떻게 전략적 위협과 전략적 신뢰 사이에서 균형을 잡고 살아남을지 알 수가 없어 고민한다.

내 가장 가까이에 있는 나 자신의 우유부단한 모습이다. 이런 햄릿적 고뇌를 감추기 위해 포커페이스를 해보지만 나마저 속일 순 없다. 도대체 어디서 용기를 얻고 앞으로 나아갈 지혜를 얻을지 방황은 끝이 없다. 거칠고 황량한 황무지 같은 현실이 주눅 들게 하여 내 속의 고뇌는 깊이를 알 수 없는 심연을 헤맨다.

지푸라기라도 잡고 싶은 심정 때문이었을 것이다. 지인이 보내온 화보 한 자락에 있는 한국 사찰의 입구. 거기에 서 있는 사대천왕의 그림이 눈에 들어왔다.

어릴 적 무섭기만 하던 기괴한 사대천왕이 다른 의미로 지혜의 문을 건드렸다.

동서남북을 지키는 게 사찰의 4대 천왕이다. 이들은 호법신으로 우리 스스로의 법을 지키는 수호신이라 한다. 자세한 설명에 눈이 갔다.

동쪽의 동방천왕은 비파를 들고 있다. 비파 줄은 너무 느슨하면 소리가 나지 않고 너무 팽팽하면 줄이 끊어진다. 우리 스스로의 본분을 적당한 잡아당김의 긴장으로 지키라고 가르친다.

서쪽의 광목천왕은 눈을 부릅뜨고 있다. 그와 함께 있는 용은 수만 가지의 변화무쌍한 시대를 의미하며 두 눈을 부릅뜨고 시대의 흐름을 읽어야 한다고 가르친다.

남쪽의 증장천왕은 인생은 앞으로 나아가지 않으면 퇴보한다고 가르친다. 그가 들고 있는 검은 지혜의 검으로 잡념과 고뇌를 끊고 지혜와 창의력으로 무장하고 앞으로 나아가라 한다. 우유부단한 우리 속의 햄릿은 그가 든 지혜의 칼이 해결한다.

북쪽의 다문천왕은 많이 들으라고 가르친다. 세상의 욕심으로부터 벗어나기 위해, 현자가 되기 위해 들으라 한다.

적당하게 날이 선 긴장감으로 시대의 흐름을 읽고 많이 들으며, 고뇌를 끊고 세상으로 나아가길 주저하지 말라 한다.

우연하게 마주한 그림 한 장과 설명이 방황하는 나를 다독이며 지혜를 준다. 밤새 흉벽 사이를 왔다 갔다 했을 내 안의 수많은 햄릿을 잠재운다.

절박한 결단의 순간에 결정을 내리지 못하면 그냥 있던 곳으로 들어가 죽은 듯 살아라. 준엄한 경고다.

꿈을 입에 올리지 말 일이다.

언제나 젊기를 소망하던 우리는 꽃이 지는 가을의 인생에 들어서면서 시름시름 계절앓이를 한다. 한 스무 살쯤에 그냥 머물러서 살았으면 좋겠다는 소망으로 저물어 가는 계절을 슬퍼한다. 그러나 계절이 우리 자신을 깨우친다. 한순간 가졌던 모든 꽃을 떨구며 가진 것을 다 잃어버리는 계절 앞에서 내 가장 가까이의 내가 섬찟 정신이 든다.

시간은 돈이다. 아니다, 삶이다.

언제나 시간의 효율성을 따지던 나에게 스스로의 내가 답한다. 효율성보다 중요한 게 '삶의 균형이다'라고….

행복은 무심히 걷다 만나는 파랑새에게서, 아름다운 호수의 푸른빛에서 발견할 수도 있다. 아무것도 하지 않고 있으면 행복을 발견할 기회마저 놓친다. 나 스스로를 끄집어내려면 움직이고 추구해야 한다. 햄릿처럼 고뇌의 연속일지라도 마침내 고뇌를 끝내고 뛰어들어야 행복이든 성공이든 한 순간을 경험한다.

내 가장 가까이의 나를 깨워야 한다.

"선택의 여지가 없었어요. 그 아이를 구하려면 불타는 건물 안으로 들어가야 했습니다."

어느 소방관의 말이다. 우린 그를 영웅이라 부르지만 죽을지도 모르는 화마 앞에서 갈등을 끝내고 목숨을 걸고 들어갔기에 가능한 말이다.

모든 용기는 문턱과 같다. 문턱에서 넘을지 말지를 고민하는 모든 선택 앞에서 고뇌하는 햄릿이 된다.

아이를 구하기 위해 불타는 건물에 뛰어들 건지 말 건지….

실패할지도 모를 일을 저지를지 말지….

고뇌하는 햄릿이 내 속에서 밤새 시끄럽다.

사단칠정 논쟁의 이해
- 서울대학교 철학과 정원재 교수
메이지유신과 근대 일본
- 서울대학교 동양사학과 박훈 교수

(강의 소감)

누군가의 프로파간다propaganda적 교육 때문이었을까요? 내게 조선 시대의 사단칠정四端七情 논쟁은 민초의 삶과는 전혀 무관한 당쟁이념 으로, 조선의 근대화를 막고 백성의 삶을 곤궁하게 만든 이기적 양반 들의 당쟁이었을 뿐입니다. 도대체 어쩌자고 난 이 불행한 나라의 민 초 후손으로 태어났는지, 내 조상들은 좀 자랑스러울 순 없었는지를 비판하게 되는 사건입니다.

하긴 현대를 살며 디지털시대의 소용돌이 속에 있는 나도 역사 속 한 방울의 물로 사라질 것을 압니다. 하지만 이 불쌍한 작은 나라, 자 존감을 구겨 넣은 채 중국의 속국으로 살아남아야 했을 지정학적 불 행 앞에서 자기들끼리 당파싸움과 끝나지 않는 논쟁으로 민초의 삶을 피폐하게 만든 이 사단칠정 논쟁의 주역들을 용서할 수가 없어 무시 해 버렸습니다.

사단칠정의 이해? 정말 이해조차 하고 싶지 않은 것이었습니다.

사람은 착하게 서로 도우며 살아야 한다는 도덕적 명제와, 실존은 본질에 앞선다는 실존적 명제, 사람은 사회적 동물이라는 현실적 이론이 이미 사람들의 머릿속에 있는데, 뭐 그리 대단하다고 사칠 논쟁으로 세월을 보내며 한 나라의 운명을 망치다니….

내 이런 지적 편식에 입에 쓴 약이 보약이라는 듯 정원재 교수님의 설명이 이어졌습니다.

"'나는 어떤 사람인가? 사람의 본성은 선한가, 악한가? 나는 어떤 세상에 살고 싶은가?'에 대한 철학적 고찰이었다고 사칠 논쟁을 이해하십시오. 세계에서 유일하게 철학자가 민중을 지배했던 시대가 조선입니다. 사단칠정이라는 논쟁을 펼치며 퇴계학파와 율곡학파를 만들고 성선설과 성악설로 나뉘며 극단적 대척점에 섰던 양반들.

측은지심, 수오지심, 사양지심, 시비지심은 인의예지에 바탕을 두고, 희·노·애·구·오·욕으로 인간의 욕구를 본성이 선했는지 악했는지를 설명하고 근거를 대는 논쟁들. 사대부라면 사칠 논쟁에 대한 소견 하나쯤은 갖고 있어야 양반 행세를 했던 시대. 그 철학자들의 논쟁이 조선을 망하게 했습니다. 인정합니다. 모든 민중의 양반화라는 웃지 못할 시대를 만든 원죄이기도 합니다.

도대체 양반에서 상놈 노비까지 족보와 성을 갖고 파를 만들면 누가 일을 하고 삶을 윤택하게 합니까? 사상만으로 배가 부를까요?

결국 결론은 하나. 착하게 살자! 이게 수백 년을 싸운 사칠 논쟁의 결론입니다.

요즘 시대 조폭들의 팔뚝에나 남아 있는 문신입니다.

조선 근대화의 시기를 놓친 죄, 시대의 변화가 물밀듯 밀려오건만 사대니 독립이니 하며 싸우고, 대원군과 명성황후파로 나뉘어 일국의 왕비가 궁궐 한가운데서 시해되는데도 암탉 하나 처리된 것처럼 생각했던 그 시대 양반들의 오만방자함.

칼을 갈아 근대화의 물결에 몸을 던져, 결국은 기회를 잡은 사무라이의 나라 일본에 먹힌 게 당연한 귀결이었습니다."

– 박훈 교수 –

"같은 18세기를 산 일본은 곤궁했던 사무라이들의 피를 깎는 자기 개혁의 시대였습니다. 사무라이들의 힘을 무서워한 봉건 영주들이 병농일체를 막는 정책으로 사무라이들을 자신의 가장 가까운 영지에 두고 녹봉으로 관리하던 시대. 시대가 어려울수록 그들의 봉급은 깎이고 사무라이들은 자신이 부여받은 일에서 삶의 발전을 찾을 수밖에 없었습니다.

영지 내 음식을 만드는 데 종사한 이들은 국수의 장인으로 대대손손 한 우물을 파고, 말을 돌보던 사무라이들은 가죽을 이용한 공예로…. 다른 직업으로의 수평이동이 불가능했던 일본의 사무라이들은 살아남기 위해, 전 세계의 대양을 주름잡던 유럽의 서양문물을 맹렬하게 흡수했습니다. 목숨을 건 자기개혁의 혁신이 없으면 죽고 마는 비장한 시대를 살며 드디어 근대화의 물결에 성공적으로 진입합니다. 조선이 사단칠정이라는 쓸모없는 논쟁에 우물 안 개구리가 되어 뜨거워지는 물속에서도 자기들끼리 싸우며 죽음을 자초하던 시기에, 그 뜨거운 솥으로부터 목숨을 걸고 튀어 오른 개구리가 일본의 사무라이입니다.

한 마디로 18세기의 일본은 이런 사무라이들에 의한 뼈아픈 자기개혁이 사회개혁으로 이어지고 마침내 근대화에 성공했습니다.

사무라이들의 뼈를 깎는 자기개혁, 목숨을 건 공부, 자기수련 속에서 한국을 정벌해야 한다는 정한론도 그들의 살기 위한 한편이었고 그렇게 조선은 그들의 밥이 됩니다.

목숨을 걸고 자기개혁에 성공한 사무라이들이어서였을까요? 주변 국가를 침략하고 짓밟았으면서도 밟힌 사람들에 대한 사과엔 지극히 미약합니다. 그건 어쩜 죽을힘을 다해 끓고 있는 물속에서 튀어 올라 삶아지는 개구리가 되지 않았다는 자기합리화와 피나는 자기혁신을 하고 시대의 흐름을 탔을 뿐이라는 자기변명이 사과에 인색한 원인인지 모릅니다.

비록 같은 시대를 산 조선과 일본이지만 그 결과는 대대손손 극명한 차이와 격차로 현대를 사는 우리에게까지 영향을 미치고 있습니다. 왜 사회적 리더의 자질에 냉철한 잣대를 들이대야 하는지를 조선의 양반들이 증명합니다. 일시적으로 민중들의 혀에만 달콤한 정책을 펴는 미숙한 정치인들에 의해 송두리째 이 나라가 또 다른 나라의 밥이 될 수 있습니다.

중국이라는 거대한 땅덩어리의 인구, 경제력을 이길 길은 없습니다. 그러나 일본과 한국이 힘을 합친다면 이겨낼 방법이 없진 않습니다. 하지만 두 나라 간의 감정적인 앙금이 가로막고 있습니다. 불쌍한 한국의 살길이 조선시대처럼 사대로 목숨을 연명할지, 인근 동아시아 나라들처럼 왕조의 몰락을 경험할지…. 어려운 시대, 불쌍한 한반도에 태어난 나와 여러분의 운명입니다.

목숨을 건 도약에 성공한 18세기 일본의 사무라이들이 지금 우리에게 던지고 있는 메시지를 기억하세요. 사람이 기적을 만든다는 것이 인문학을 공부하며 깨닫는 것입니다.

사람이 기적이 되는 순간 나라의 운명이 바뀝니다.

치욕스러운 역사를 직시해야 하는 이유는 넘어진 곳에서 다시 일어나야 하기 때문입니다.

우린 여전히 넘어져 있는 건 아닐까요?

삼전도비의 비밀

- 서울대학교 동양사학과 구범진 교수

"숭덕4년(1639) 11월 6일 황상께서 대군을 거느리고 조선을 다시 정벌하시어 국왕 이종을 남한산성에 가두고 그 처자를 사로잡으셨다… 황상께서 특별히 긍휼히 여겨 국왕을 용서하시어, 왕에게 나라를 되돌려 줄 것을 허락하시고, 그 처자를 왕에게 돌아가도록 하시었으며…."

중국의 청태조실록에 올린 삼전도비의 내용입니다.

1637년 청의 홍타이지가 강이 얼기를 기다려 압록강을 도강하여 조선반도를 침탈하고 강화도로 피한 세자 등을 잡아 인질로 삼고, 남한산성으로 피신한 인조의 항복을 받아 굴욕의 비문을 세우게 하여 만들어진 게 삼전도비입니다.

이 비문을 쓴 당시의 재상 이경덕은 만고의 역적이 되고 전주 이씨 가문조차도 자신들의 조부가 삼전도비문의 주역이라는 오명에, 부끄러운 조상으로 전락했습니다. 그 시대의 상황과 청나라의 침입을 자세히 밝혀 나라의 자존감을 지키고 비운의 역적이 된 이경석을 밝히는 것이 제 연구의 목적입니다.

역사는 승자의 기록입니다. 침입과 약탈을 일삼으며 그들의 말발굽 아래 짓밟힌 나라의 백성과 군신이 잃은 자존감은 어디서 찾을까요? 자신들의 행동을 미화하며 청나라의 역사 만들기 놀음에 피해자인 조선의 굴욕은 그대로 방치한 채 오늘로 이어지는 조작된 역사를 그냥 두어야 할까요?

역사의 조각을 맞추고 그 뒤편에 가려진 글자 한 자 한 자 속에서 시대의 상황을 읽고 사실을 밝혀 억울한 누명을 벗기는 일. 나아가 민족의 자존감을 찾는 일은 학자로서의 제 소명입니다.

중국인의 손에 의해 쓰인 청태조실록과 대만에 보관된 당시 손으로 기록된 쪽지와의 비교를 통해 청의 홍타이지가 계획적으로 압록강이 얼 때를 기다려 자신들의 이득을 위해 침략했음을 우린 알 수 있었습니다. 전쟁은 명분이 있어야 하거늘 삼전도비에는 조선왕이 말을 듣지 않아 참고 참다 모월모일에 군대를 보낸다 하고, 자신들의 신사적 전쟁으로 둔갑시킨 그들의 야만성을 밝히는 것. 비록 힘이 없는 변방으로 있던 조선의 역사에서 사대로서만 살아남을 수 있었다는 비극적 현실을 인정한다 해도 삼전도비문만큼 자존감을 뭉갤 정도의 민족은 아니었음을….

청에서 요구하는 문장을 쓰면서도 영원히 남을 비문 속 치욕적인 글자를 피하기 위해 고군분투했던 이경석의 고민을 밝히고 싶었습니다. 그는 시대의 희생양이지 만고의 역적이 아니었을 것이라는 확신이 제게 있습니다.

비록 사대의 예로 나라의 목숨을 부지할 수밖에 없었다 하더라도 민족의 자존감마저 팽개치지는 않았다는 것. 만주국, 외몽고 등등 중국에게 먹혀 이름도 없이 역사 속에서 사라진 많은 나라를 보면서 생각합니다. 강한 자가 살아남는 게 아니라, 살아남은 자가 강하다는 것…. 그러나 가슴엔 울분이 있습니다.

만주어, 몽골어, 한문으로 쓰인 삼전도 비문 속에 작성자였던 이경석의 고뇌가 마음을 아프게 합니다. 어찌하면 임금의 굴욕과 나라의 자존감을 조금이라도 구할 수 있는지를 고민했던 그는 부끄러운 조상은 아니었을 겁니다. 그가 느꼈을 지식인으로서의 비애, 지식의 허망함….

그러나 후대의 역사는 반드시 그 이면을 파헤쳐 가며 역사 속 진실의 실마리를 찾는다는 것. 아무리 청과 중국이 자기들 방식으로 중화주의로 치장한들 근거와 이면을 밝혀 자존감을 지키는 게 우리 사학자들의 몫입니다. 인문학을 하는 이유입니다.

Part 2

Part 2

A
그리운 열정

아름답고 고운 것을 보면 그대 생각을 합니다.
이것이 사랑이라면 내 사랑은 당신입니다.
− 김용택 −

인생을 위한
세 명의 의사

"딱히 이유는 없어요. 무엇 하나 부족함이 없는데 엄습하는 이 불안감의 정체가 무얼까요? 얼마 전까지도 공부며 인생이, 희망이라는 밝은 빛 속에 있어서 해볼 만하다고 느끼며 있었는데 갑자기 스스로 작아지고 위축이 돼요. 내일모레가 시험이에요. 이걸 놓치면 한 번의 시험이 내 인생을 곤란한 지경에 빠뜨릴 수 있는데 집중할 수가 없어요….."

지금 많은 사람들의 부러움과 주목을 받으며 명성 있는 조지타운 대학에 다니는 K. 말로는 표현할 길이 없는 인간 본래의 불안과 맞부닥뜨린 모양이다.

"아들놈과 대화를 하려고 골프를 합니다. 함께 용인에 골프를 치러 나갔는데 정말 멋집디다. 와이프는 학교에서 끝내줍니다. 나만 두고 친구들과 호주 시드니 여행을 떠났어요. 하하하….."

S사의 영업이사가 저녁식사 초대를 해서 나간 자리였다. 골프를 친다는 것, 학교교감인 아내를 자랑하고 싶은 그의 얼굴은 입은 바쁘지만 눈은 그리 행복해 보이지 않았다.

　"그래서 이사님은 행복한가요?"
　더 이상의 질펀한 자랑을 듣기엔 체할 것 같아서였을까? 내 옆의 S의 말에 그는 입을 다물었다.
　"…아니요. 사실은 회사에서 잉여인간으로 언제 목이 잘릴까 전전긍긍합니다. 나이가 드니 울컥 다가오는 불안들을 어떻게 치료해야 할지 모르겠습니다. 신경과를 가서 우울증 치료라도 받아야 할까요? 김 박사님, 도움을 좀 주시지요."
　비로소 정직한 감정의 말이 그가 만들어서 돌리는 소맥잔 위로 떨어지고 있었다. 내게 도움의 말을 청하고 저녁 초대가 인생 상담이 되는 웃지 못할 상황이 되었다.

　"저 또한 답을 몰라요. 하지만 우리들 인간에겐 꼭 필요한 세 명의 의사가 있다고 합니다. 그들을 만나세요."
　명색이 의사인 내 말에 모두들 매스컴에 떠다니는 명의를 드디어 소개받는구나 하는 기대감으로 비싼 사시미 접시를 밀쳐내고 있었다. 그리고 난 그들에게 새벽에 K를 위로하기 위해 보낸 카카오톡 속의 글을 소개했다.
　"나이든 나도 수시로 나를 괴롭히는 불안과 싸우는데 젊은 그대는 왜 아니랴. 하지만 그 누구도 우리의 본질적인 외로움이나 불안감을 잠재우지는 못한다. 그래서 필요한 의사는 자연, 시간, 그리고 인내심이라는 말이 맞다. 힘들고 불안하면 도서관의 자리를 떠나 자연 속으로 나가 걸어라. 학교의 울창한 숲속 길을 홀로 걸어봐. 아니면 오늘처럼 비가 내리는 날이라면 우산을 들고 포토맥 강을 걸으며 홀로 있는 시간을 가져. 자연이 너의 상처를 치유할 거야. 그리고 알고 있지 않니? '이 또한 지나가리라.'는 말.

시간이 흐르면 모든 것은 잊힌단다. 사람이, 신이 할 수 없는 치료를 시간이 하지. 지금 원인을 알 수 없는 불안함으로 너를 덮치는 어둠은 지나가는 바람이란다. 그러므로 인내를 갖고 기다리자. 곧 지나갈 거야. 인내심 없이 될 대로 되라 하는 자포자기의 심정이 들 때 그것을 참아내는 것이 벼랑에서 너를 구하는 힘이야. 지금 나가서 홀로 걸어봐. 건강한 자연이 주는 치유를 만날 거야."

모두들 일순 말이 없어졌다.

한국의 회식이나 초대 문화. 그 시끌벅적하고 취기 오른 분위기. 음식을 서빙하는 여자들이 들어와서 갓 잡은 새우를 까서 남자들의 입에 넣어주고, 여자인 내 접시 위에 놓아준다. 그럼에도 불구하고 우리의 본질적인 외로움이나 고독감은 지워질 수 없는 것임을 일순 깨닫는 순간이었다.

거나하게 술이 오르고 다시 본래의 수다와 잡담으로 되돌아갔다. 오천만 원의 팁을 주겠다며 오천 원과 만 원짜리를 접어 여종업원에게 건네는 영업이사의 취중놀이까지도 조금 다르게 보이는 색다른 느낌 속에 있었다.

"이 또한 지나가리라…. 맞지요? 김 박사님?"

술이 취해 혀 꼬부라진 소리로 그는 물었다. 교직에 있다는 아내 자랑에 지친 걸까? 아니면 그 자리에 올라가기까지 직장상사들의 비위를 맞춰야 했던 지난 시간이 떠올라 울컥했던 걸까? 그에게 지금 시간이라는 의사가 필요한 듯했다.

우리 모두에게는 인생이라는 일회적인 삶을 망치지 않고 살아내기 위해 '자연, 시간, 인내심'이라는 세 명의 의사가 필요하다는 말은 맞다. 몸과 마음이 병들 때 자연 속으로 들어가 치유를 기다리고, 가까운 곳을 걷고, 뛰고 하면서라도 자연과 홀로 대면할 때 자연이 우리를 치유한다. 그것은 스스로를 돌아보게 하고, 다시 꺼져버린 삶의 열정에 불을 붙여준다.

"시간이 약이다."라는 말은 우리들 부모 세대의 만능처방이었다. 수 없이 많은 고독과 불안함이 엄습해도 그것은 지나가는 바람일 뿐이다. 인내심을 갖고 참아내면 되는 것이었다.

성격 차를 고민하고, 이혼을 고려하는 사람들, 보이지 않는 암담한 미래를 생각하면 스스로 자기를 죽이고 싶은 사람들조차도 생각을 멈추고 자연으로 나가면 바람이 홀로 있는 자에게 주는 치유를 만날 수 있다. 인내심을 갖고 바람이 지나가기를 기다리라고 하는 소릴 들을 수 있다. 모든 불안, 고통들이 지나가는 바람일 뿐임을 자연이 가르쳐 준다. 그렇게 우리의 상처는 치유를 받는다.

내겐 하와이라는 자연이 그랬다. 푸른 바다와 히비스커스, 그곳의 향기 나는 공기…. 내가 딱 K만 했을 때의 내 첫 유학지. 마음의 본향으로 남아 있는 자연. 그곳으로 은퇴하고 싶다.

그러니 조금만 참자. 바람이 지나가길 기다리자. 삶에 의욕이 없는 우울함조차 지나가는 음습한 바람일 뿐이다. 지나간다… 곧.

이런 사람,
어디 없을까?

"앞서가기보다 함께 가는 사람

몸을 움직이게 하기보다 마음을 움직이게 하는 사람

좋은 길만 가기보다 좋은 길로 인도하는 사람…."

어느 신문광고의 카피를 읽다 생각이 멈췄다.

인생을 살면서 성공의 관건은 결국 사람일 수밖에 없음을 인식시키
는 명료한 말이면서 후반 인생의 성공을 위한 말이기도 하다.

그녀를 만난 것은 미국에 가서 몇 년이 지난 때였다. 한인들이 적은
동네만 찾아 살다보니 그녀를 알 기회가 없었다. LA의 한인타운에서
그녀를 모르면 간첩이었다. 카리스마와 막강한 재력, 성공한 유태인
남편의 후광으로 자기보다 잘난 꼴을 보지 못하는 삐뚤어진 사람들이
많은 한인사회에서 그녀는 아무도 함부로 할 수없는 독보적인 존재가
되어 있었다. 한인은행장들과 돈독한 유대관계를 맺고 있는 그녀를

장 지점장이 소개시켰다. 금융위기의 직격탄을 맞고 물속에 잠긴 건물들 속에서 고군분투하던 날 그녀가 돕겠다고 나섰다. 그리고 우리는 나이와 문화 차이를 넘어 친구가 되었다. 한인타운에 나갈 때면 언제나 식사비를 그녀가 계산해도 마음이 편할 수 있던 사람. 그녀는 사람의 마음을 움직일 줄 아는 재능을 가졌고, 카리스마는 누구도 무시할 수 없는 아우라로 그녀를 돋보이게 했다.

별의별 소문이 난무하고, 어느 하버드대 교수의 이론처럼 '정보의 폭포현상'으로 말이 안 되는 소문들이 한인사회에 꼬리에 꼬리를 물고 헤집고 다녀도 그녀는 언제나 건재했다. 금융캐피털 업계의 사람들이 막강한 자금력의 힘을 무서워하면서도 시기심을 바닥에 깐 가십으로 그녀를 상처 내고 싶어 안달하지만 그녀를 알고 나면 모두들 마음을 움직였다. 그녀에 대한 두려움의 근원이 그녀를 모르는 무지함에서 온다는 것을 알게 했다. 그녀의 존재는 두려움의 근원이 무지라는 철학적인 사유 속으로 이끌었다.

"감사합니다. 언제나 신세만 집니다."

"우리는 인생을 함께 가는 친구에요. 내가 나이가 많다는 건 잊어버리세요. 지난여름 난 지옥 같은 한국의 찜통더위 속을 다녀왔어요. 조카의 결혼식만 아니었으면 단 하루도 있을 수 없던 그곳에서 혼수 때문에 양가의 감정에 앙금이 생기고 말았어요. 그런데 말이죠, 생기 있는 한 노인의 중재로 그 진흙탕 같은 갈등이 원만히 해결되는 것을 목격했어요. 그가 나를 매료시켰어요. 그의 존재가 마음이 다쳐 힘든 모든 사람의 마음을 움직이고 있었어요. 몸이 아닌 마음을 움직이게 하는 사람을 만난 게 얼마 만인지 잊을 수 없는 경험을 했어요. 난 마음이 가지 않는 사람과 한가롭게 점심을 할 만큼 비위가 강하질 못해요. 내 마음이 움직여서 우린 친구가 된 거예요.

지나친 감사는 우정을 해칩니다. 제가 한미은행장님을 소개는 했지만 그들의 마음을 움직인 것은 온전히 닥터 김의 능력이었어요. 수없이 많은 사람을 접하고 만나고 있지만 마음을 움직이는 사람을 만나는 것은 쉬운 일이 아니죠. 내겐 닥터 김과 미세스 김이 그런 사람이에요. 지난 몇 달을 난 진흙탕 싸움 속에 있었어요. 김 회장이 자신들의 이혼을 내 탓으로 몰아 손해배상 청구를 했어요. 하지만 미세스 김을 위한 일이었으니 후회하진 않아요. 내 오지랖이 너무 넓지요?"

미세스 김은 미국에 와서 스왑미트Swap Meet로 자수성가한 70대 초반의 여성 사업가였다. 미국생활 50년이지만 영어를 못하는 게 너무나 창피해서 영어 잘하고 서울대를 나왔다는 같은 나이의 김 회장을 만나 재혼했다. 그런데 잘 배운 그가 그녀의 재산을 빼돌리기 시작했다. 영어를 모르는 미세스 김의 부동산이 하나둘 그의 이름으로 되고, 대항할 길이 없던 그녀를 도와 길을 만들어준 것이 수초이 씨였다. 잃어버린 건물의 소유권을 찾도록 돕고 하마터면 빈털터리가 될 뻔한 그녀를 안전한 길로 인도했다. 김 회장이 그녀를 위협했지만 수초이 씨의 대응은 막강했다. 미국 유명 로펌에 있는 아들, 든든한 재력으로 그녀의 뒤를 받치고 있는 유태인 남편, 매년 한국의 탁구선수들을 자비로 초청하고 비벌리힐스 저택에서 파티를 열며 사회적 기여를 하는 그녀를 물어뜯기엔 모두 명분이 약했다.

　지금, 인생의 후반기에 접어들면서 그 어느 것보다 사람의 가치가 소중해지면서 수초이 씨 같은 이런 사람이 어디 없을까에 나는 목을 맨다. 하지만 더 이상의 행운은 이젠 오지 않을 듯하다. 오히려 지금은 내가 누군가의 그녀가, '이런 사람'이 되어야 할 뿐이다.

　몸보단 마음을 움직이게 할 사람이 되는 것이 남은 생의 숙제다. 누군가의 함께 갈 수 있는 사람이 되려면 부지런히 나를 닦고 젊음의 열정을 놓지 말아야 함을 안다.

　앞서가기에만 급급했던 젊은 날을 보낸 후 깨달은 것은 이제 내가 누군가의 이런 사람으로 있어야 한다는 것, 함께 갈 수 있는 나를 만들어야 한다는 것이다. 그녀가 그립다.

　'이런 사람, 누구 없을까?'라고 기다리는 사람들에게 내가 그들의 '이런 사람'이 될 수 있길….

　긍정적이고, 단아한 말투에, 실력과 힘을 가질 때 가능한 일이다.

운명의 여신을
유혹하고 싶다

"도대체 그 나이까지도 아직 하고 싶은 게 그리 많다니. 언제쯤 철이 들 거야? 이젠 조용히 좀 살면 안 돼? 현실이 얼마나 무서운 줄 모르고 그렇게 설치다가 큰 코 다쳐…."

"당신이나 그렇게 살아. 조심조심하고…."

또 별것 아닌 것으로 발단이 된 우리 부부의 의견충돌이다. 난 그에게 영원히 철들지 않은 골칫덩어리 마누라일 것이다.

나이가 들고 아들들이 장성해서 이젠 세상 무서운 것도 알고, 힘도 줄어들어 잠잠해질 만도 한데 여전히 무언가를 시도하려 하는 마누라니 머리에 쥐가 나리라는 것을 안다.

그러나 지금의 난 운명의 신을 억지로 끌어다가 협박을 해서라도, 그게 안 되면 유혹을 해서라도, 인생의 마지막 출구전략을 세워야 한다고 믿고 있다. 성공적인 출구전략 없이는 치매노인처럼 생각 없이 늙어갈 것 같은 두려움에 오늘도 경기를 일으킨다.

"운명의 신을 유혹하는 것은 신중하고 실수를 두려워하는 조심성이 아니라 과감한 도전이다."

옳다. 그런 날 장성한 아들들과 남편은 불 속으로 뛰어드는 하루살이처럼 한심하고, 실패의 뜨거운 맛을 모르는 철없는 중년여자로 본다. 사실 나도 속으론 너무나 두렵다. 그래서 운명의 신이라도 유혹할 수 있길 소망한다.

살아가다 보면 우리는 많은 위험과 대면해야 한다. 사랑도, 사업도, 공부도, 그 어떤 것도 거저 얻어지는 것은 없다. 새로운 시작을 앞둔 우리는 할 수만 있다면 위험을 피하고 싶지만 그럴 수 없는 현실 앞에서 두려움을 느낀다. 더구나 자신이 가진 모든 것을 걸어야 하는 사업이나 일일 때, 전 인생을 걸어야 하는 사랑일 때, 우린 몇 날 며칠을 잠을 이루지 못하고 고민한다. 이게 옳은 선택일까? 난 과연 위험한 승냥이를 피하고 성공을 거머쥘 수 있을까? 이 나이에 사랑이 가능한가? 실패하면 인생이 끝인데….

지난날 아무도 답을 모르는 의심과 두려움 속에서 내가 택한 선택들은 대부분이 실패의 쓴 독주를 준비하고 있었다. 늑대를 피하려다 호랑이를 만난 때도 있었다.

젊음을 소진한 지금의 현실은 더 많은 모든 것에서 예측 불가능함으로 나를 시험했다.

유명한 경제학자인 피터 드러커는 불확실한 미래를 이기는 유일한 길은 미래를 창조하는 것으로 그 이외는 방법이 없다고 했다. 그의 말이 맞지만 미래를 창조할 만한 역량이 없다. 젊음이 가진 시간마저 내겐 없다. 그러니 운명의 여신을 유혹해서라도 지금 모험을 하고 내일을 만들어 가는 길밖에 없음을 알기에 오늘도 일을 벌이겠다고 고집을 부린다.

실패의 승냥이를 피하고, 도처에 숨어 노리고 있는 늑대를 피하려고 대책을 만들어 준비했더니 도저히 이길 수 없는 호랑이를 만나기도 함을 안다. 하지만 지난날에서 내가 배운 것은, 잡아먹힐 수 있음을 알면서도 과감하게 뛰어들지 않으면 운명의 여신은 손을 내밀지 않는다는 냉정한 진리였다. 실패든 성공이든 그 모든 것이 시도한 자만이 가질 수 있는 상처이면서 전리품이라는 것을 알았다.

"나이를 의식해야지."

또 나이 타령이다. 나이 이야기만 나오면 입을 닫는 것을 아는 사람이다. 지금 나의 가장 큰 약점이 나이다.

"어떻게 늙어야 하는데? 골프나 치고 쇼핑이나 하고 일 년에 몇 번 크루즈여행 하는 거 자랑이나 하는 여자로 살아?"

나이가 든다는 것은 정말 재미없고 치명적인 약점이다.

개인이든 기업이든 나이가 들어 안전한 것에만 초점을 맞추고 위험을 극도로 꺼리게 되면 삶은 무기력하게 되고, 기업이나 인생은 생명력을 잃는다. 세상은 시시각각 변하고 있는데 위험할까봐 쥐꼬리만한 것을 움켜쥔 채 도전 없는 삶을 산다면 정말 재미없다.

하지만 실패라는 두려움에 대한 공포는 도처에 만연된 운명론에 귀가 팔랑거리게 하고, 많은 날들은 운명을 숙명으로 받아들이면서, 늙으며 죽을 날을 향해 간다. 운명적으로 성공적인 삶을 사는 사람의 삶이 따로 있다고 지레 포기한다. 그래야 속이 편하기 때문이다.

하지만 마음 한쪽, 아직도 내가 믿는 믿음은 인간의 자유로운 의지와 열정, 결단력 있는 모험심이 없으면 운명의 여신을 유혹할 길이 없다는 것이다.

그래서 오늘도 나는 "운명의 여신을 사랑하라. 시련이여 덤벼라!"라는 마키아벨리의 말을 믿으며 운명을 유혹하고 싶어 한다. 철없는 마누라라는 소릴 들으며 부부싸움을 하는 이유다.

그렇지 않아도 운명은 언제나 우리들의 시련, 고난과 함께하고 있음을 알기에 그 앞에서 주눅이 든 나는 매번 두려움 속에 발이 묶여 있다. 그러다 모처럼 용기를 내면 부부싸움을 피할 수 없다. 시작은 언제나 두렵고 주변과의 마찰과 싸움을 전제로 한다. 시작을 해야 실패든 성공이든 할 텐데, 실패를 생각하면 오금이 저린 나이임을 나 또한 안다.

그러다 오늘처럼 '사는 게 이게 아닌데.' 하는 생각에 뒤통수를 맞으면 잠을 설치며 미칠 정도로 괴롭고 성공에 목이 마르다. 실패의 두려움에 떠는 현실 앞에서 어찌해야 운명을 내 편으로 할 수 있을지 애가 탄다. 안전한 방법은 정녕 없는 건가?

누군가는 속도가 지배하는 세상에서 더 빨라지라고 권하고, 누군가는 기다리라고 한다.

유명한 워런 버핏의 투자철학이 '기다림'이라는 말은 운명의 여신을 넘어서는 유혹이다. 실패의 순간을 고통으로 대면하지 않으려면 기다려라, 숙고하라고 그는 말한다.

속도의 시대를 사는 우리에게 속도를 배신해야 운명적인 성공을 맛본다고 한다. 속도의 배신이 일어나고 있는 투자의 세계를 숙고해 보라고 유혹한다.

하지만 투자를 하고 기다리면 되는 것은 워런 버핏 같은 거대한 황소에게만 해당되는 이야기다. 우리 같은 개미들에겐 기다릴 시간이 없다.

미처 알기도 전에 스마트한 시대에 접어든 우리는 이유를 물을 시간도 없이, 빨라지기만 하는 인터넷의 속도 속에 오늘도 휩쓸려 간다. 방향조차 가늠하지 못하며 컴맹이 되었다.

야심차게 준비한 사업이 보기 좋게 녹아웃 되고 케이오 패를 당한 채 울음을 터뜨린 적이 한두 번인가?

권모술수의 대가로 역사에 이름을 남긴 마키아벨리가 다그치는 소리를 들었다.

"울지 마라. 역사는 울보를 기억하지 않는다."

더러운 세상을 원망하기 전에 영악한 여우가 되어 늑대를 피하라고 조언한다. 운명의 신마저 속이라고 그는 말했다.

속이 헛헛하다. 가슴팍에선 튀어나가지 못하는 짐승의 발소리가 요란하다.

늙지 않은 갈망은 냉정함 뒤에 나약함을 숨긴 마키아벨리적 영악한 술수로 운명의 여신을 유혹하고 싶어 한다.

아모르 파티 - AMOR FATI: 네 운명을 사랑하라. 시련이여 덤벼라.

– 마키아벨리

운명을 유혹하고, 사랑에 빠지는 것은 그가 말하듯 저돌적인 용감함을 필요로 한다. 공부도, 사업도, 일도 시작은 언제나 시련과 함께 온다. 그 시련을 이겨내야 성공을 거머쥔다. 운명은 강한 자에게는 한없이 약하다.

때를 기다리고 단호하게 결정하며 돌진하는 것. 시련에 얻어맞을수록 두 눈을 부릅뜨고 맞아야 시련에서 빠져나오고 비로소 성취를 이룬다는 것을 나이를 통해서 배운 나다.

인생 5년 후, 육십 살 전후의 빛나는 이력서를 위하여 다시 한 번 운명의 여신을 유혹하려 한다. 죽음을 무릅쓰는 과감한 결단력을 가진 자에게 무릎을 꿇는 게 운명의 여신임을 믿는다. 시대가 내게 붙인 컴맹, 루저, 잉여인간이라는 주홍글씨를 거부한다.

오늘도 난 운명의 여신을 유혹한다. 부디 이번 한 번만 시기심의 눈을 감아주길, 한 번만 더 뜨거운 열정 속으로 나를 인도하길….

그리움을 탐한다

얼마 전 미국 조지타운 대학의 엠 스트리트를 갔다.

포토맥 강을 바라보며 말없이 앉아 있는 나이든 노인의 모습이 눈부신 아우라로 우리 일행의 눈길을 잡았다. 아름다웠다. 은발의 머리를 뒤로 젖히며 멀리 '키 브리지'를 응시하는 노신사의 얼굴에 범접하기 어려운 그리움이 묻어났다. 그는 지금 무얼 그리며 있을까?

"저렇게 나이 들어요. 아름답잖아요."

"요트 위에 있는 저 섹시한 젊은이들이 절대 따라올 수 없는 아우라예요. 젊은 여자와 함께 있어도 절대 누추하지 않을 노신사인데 홀로 있는 모습엔 화려한 젊은 사람에겐 없는 무언가가 있네요. 그윽하고 은은한 그리움의 분위기 때문에 함부로 할 수 없는 노년의 아름다움이 있어요."

그 매력적인 노인의 모습이 나를 생각의 늪에 빠뜨렸다.

어느새 나는 사랑을 탐하면 누추한 나이가 되었다. 다시 한 번 사랑의 뜨거움을 경험할 수 있길 소망하지만 나이가 마음을 막는다.

그리움은 어떨까? 홀로 그리워하고 때론 아픈 듯 먼 곳을 바라보는 눈빛을 가진 사람의 그윽함이 더없이 아름다운 것을 우연처럼 보고 왔다. 치열하게 삶을 사는 사람들이 홀로 떠나 외로울 때 다가오는 그리움이 묻은 얼굴은 그렇게 명징한 아름다움이 있다.

삶을 치열하게 살고, 끊임없는 도전과 시도와 열정을 용암처럼 가슴에 품은 사람일수록 아름답다. 그래서 나이가 들어도 반짝이는 눈빛을 갖고 때때로 그리움에 가슴 아픈 그윽함을 갖길 소망한다. 그리워하는 게 꼭 사람이나 사랑, 성공일 필요는 없다. 하지만 지난 몇 년난 경험했다. 상처받는 게 싫어서 사람에 대한 그리움을 버리자, 안타깝게도 관계에 대한 뜨거운 열정도 함께 소멸했다. 유혹하고 싶은 대상이 없으니 삶의 윤활유이던 질투, 사랑받고 싶다는 갈망도, 함께 소멸했다. 삶이 마른 나뭇가지처럼 앙상했다.

그리움을 버리고 살아본 삶이 그러했다.

"아직 무언가를 그리워한다면 행복한 사람이다."라는 말을 신앙처럼 붙들고 살아야 하는 나이. 사랑이란 아주 멀리 되돌아오는 길이라 하지 않던가….

사람이든, 꿈이든, 신앙이든, 그리움의 이름으로 오는 모든 것이 우리들 삶의 원동력이다. 그것들에 대한 탐욕에 가까운 열망 없이는 삶이 생기를 잃는다.

사랑은 언제나 그리움으로 '그곳'에 있는 것이다. 사랑은 이곳에 있으면서 그곳을 그리워하는 힘으로 우리를 살게 한다. 삶이 힘들어도 그리움의 옷을 입고 있는 이것 없이는 팍팍한 사막이 우리의 삶이다. 잃어버린 사랑에 대한 그리움.

> 우체국에 가면 잃어버린 사랑을 찾을 수 있을까
> 그곳에서 발견한 내 사랑의
> 풀잎 되어 젖어 있는 비애를
> 지금은 혼미하여 내가 찾는다면
> 사랑은 또 처음의 의상으로 돌아올까
> (중략)
> 우체국에 가면 잃어버린 사랑을 찾을 수 있을까
> 그곳에서 발견한 내 사랑의 기진한 발걸음이
> 다시 도어를 노크하면,
> 그때 나는 어떤 미소를 떠어 돌아온 사랑을 맞이할까
>
> — 이수익, '우울한 상송' —

어느새 그리움에 집착하는 나이가 된 나는 아날로그 시대를 지나 디지털 세상의 한가운데 서 있다. 아날로그 시대의 그리움과 함께 있었던 우체국 풍경도 빛바랜 추억 속으로 사라졌다. 가장 아날로그적인 그리움이 포토맥 강에서 본 노신사의 모습을 통해 다가왔다. 정신없이 빠른 속도의 시대에 책 한 권 들고, 차를 몰고 나가서, 길 위에서야 비로소 만나는 것이 그리움이다.

철이 들어야 한다는 미명하에 그리움, 사랑에 대한 미망을 버리는

게 마땅하다는 통념은 나이가 들수록 삶을 메마른 사막으로 황폐하게 만든다. 포기할 수 없는 그리움. 젊었던 시절에 매 순간 가슴으로 들어오던 그것은 이젠 의도적으로 찾아 품어야 하는 것이 되었다.

그리움은 일상의 이곳 삶과 떨어진 그곳에 있다.

나처럼 바쁜 일상의 울타리에 갇힌 사람들은 떠나야 비로소 만날 수 있는 것이 그리움이 되었다.

그리움을 가슴에 품은 사람들의 눈빛엔 맑고 청명한 아우라가 번진다. 그래서 나이 듦이 누추하지 않다. 그들 눈빛 속의 진한 아름다움 때문에 나는 그리움을 탐한다.

보톡스로 밀어 올려 주름의 흔적을 지운 사람들의 무표정보다, 진한 시간의 주름이 파인 사람들이 그리움을 품은 눈망울을 가진다면 그게 얼마나 아름다운지….

이것은 나이가 들어 알게 된 진실이다.

시대의 흐름에 밀려 치고 올라오는 젊음들에게 자리를 내주고 시간의 변두리로 밀려나면서 꿈도 죽고, 사랑도 죽는 참담함을 겪는다. 나이가 들어버려 사회의 뒷자리로 밀리면서 생산능력은 없어지고 복지비나 축내는 잉여인간이 되는 비애 속에서 지나간 젊음에 대한 그리움은 사치다. 하지만 노인들은 안다. 감히 그리움을 탐하자 놀랍게도 아직 오지 않은 미래에 대한 갈망이 생긴다는 것을.

그리움 한 조각이 물어다 주는 삶에 대한 열망. 그것이 만드는 아우라가 더 이상의 투명인간이길 거부하게 한다. 그러기 위해 지금을 살라는 '카르페 디엠Carpe diem'을 마음에 새긴다. 지나간 꿈과 사랑에 대한 그리움을 탐하는 말없는 노년의 눈빛은 산골짜기 깊은 계곡의 안개처럼 먹먹한 아름다움을 준다.

사랑, 소망, 꿈들을 신의 이름으로 바꾸어 가슴속 깊은 곳의 열망으로 품는다. 누추하기 쉬운 나이에 유일한 삶의 동력인 열정에 대한 그리움을 가슴에 품는다. 그것은 신의 이름으로 다시 오는 사랑과 꿈에 대한 그리움이다.

살아 있으나 아직 죽지 않은, 삶에 대한 열정을 놓아버린 후의 끔찍함을 이기기 위해 그리움을 탐한다.

미친 짓을 하지 않는다면
일을 잘못하는 것

세계의 초일류 기업들은 끊임없는 창조와 혁신에 목을 맨다. 그것 없이는 조만간 새로운 패러다임, 창조의 물결에 휩쓸려 흔적도 없이 사라질 것임을 그들은 안다. 모바일의 초일류 기업이었던 노키아의 몰락이 대표적인 이야기다.

개인의 삶도 마찬가지다. 끊임없는 시대의 변화에 적응하며 열정으로 일할 것을 찾아 쉼 없이 움직여야 진정 살아 있는 삶을 산다. 미칠 수 있는 일을 소망하건만 나이는 포기라는 것과 함께 오는 듯하다.

어바인Irvine에 들렀다.

맥아더와 잼버리가 만나는 선상에 색동색의 익숙한 구글 사인이 보였다. 모든 젊은이들의 꿈의 직장인 그곳에는 분주히 오가는 차량들에도 아랑곳하지 않고 한 무리의 젊은이들이 윗옷마저 벗어던지고 농구에 몰두해 있었다. 오후 3시, 한창 회사의 사무실에서 오후 일에 매

진해야 할 시간에 농구라….

역시 구글이구나, 미친 회사의 직원들이라 다르구나, 독특해….

수많은 생각들이 스치면서 현존하는 기업 중 가장 선망의 기업인 그곳의 분위기가 궁금해졌다. 작년 이맘때 실리콘밸리, 구글의 창업자 래리 페이지의 이름을 딴 페이지 스트리트에서 본 그의 말이 떠올랐다.

"당신이 미친 짓을 하지 않는다면 일을 잘못하는 것이다. 오늘날의 유튜브, 크롬, 안드로이드 등은 바로 이 미친 짓의 산물이다. 우리가 검색을 시작했을 때 이미 공룡 검색기업이 5개나 있어서 모두가 망할 것이라고 했고, 우리는 그들에게 '다르게 하겠다.'고 했다. 사람들이 열광하는 지금의 모든 사업은 다르게 한 우리, '미친 자'들의 산물이다."

젊은이들에게 미친 열정은 성공을 약속하고, 나이 든 사람에게 미친 열정은 젊음을 선물한다.

"세상이 모두 미친 자들로 가득하면 무슨 일이 일어날까?"

구글 본사를 함께 보던 K의 말이었다.

"외계인들이 사는 SF 같지 않을까? 그러면 행복해질까?"

J의 말에 다른 젊음들은 말을 아꼈다. 많은 생각들이 그들의 머릿속에서 소용돌이치고 있음을 느꼈다.

"미치지 않으면 이룰 수 없는 게 성공이야. 사업이든 사랑이든, 인생이든, 모든 가치 있는 것은 미치도록 몰두한 후에야 가져지는 것인데 우리는 이 미친 짓들이 두렵고 확신이 없어. 불확실한 세상에서 미처볼 만한 일을 찾는 것도 어렵고, 실패할까 겁이 나서 시도하기도 어렵지. 그런데 우리들 중에서 운 좋은 몇몇은 온 생을 바쳐 미칠 일을 찾고 성공의 열매를 쟁취하지. 미쳐볼 만한 인생이나 일은 어디 하늘에서 뚝 떨어지는 게 아니라 현실 속에서 동기유발이 되어야 하는 걸 거야…. 삶 자체가 매일매일 새롭고 성공에 대한 예감으로 동기유발만 된다면 잠을 자지 않아도, 먹지 않아도 배부를 텐데…."

내가 말해 놓고 내가 걸려 넘어지는 느낌이었다.

기업도 국가경영도 미쳐야 창의적 패러다임을 만들고 살아남을 수 있다고 난리인데 개인의 삶은 어떨까? 개개인은 자신의 전 인생을 담보로 한 경영자로서의 능력을 시험당하고 있다. 순간순간의 시대적 흐름을 읽고 제대로 적응해야 기업이 살아남을 수 있듯이 인생의 경영도 시대의 패러다임을 읽지 못하면 치매 걸린 노인으로 죽을 날만 기다려야 한다.

진짜 건강한 인생의 가치는 열정 위에 피는 꽃, 성취의 문제다. 건강하게 살다 죽기 위해 미치도록 몰두할 일을 가진 사람이 되어야 하는 시대를 내가 살고 있다.

많은 곳에서 우연을 가장해서 오는 성공은 열정으로 무언가에 미친 자들에 대한 보상임을 안다. 항상 성공이나 운명은 우연인 것처럼 우리에게 오지만 그것을 잡아채는 것은 온전히 자기의 일에 미친 사람들이었다.

기업이나 국가경영자로서의 자질은 사실 미친 짓도 해야 하지만 많은 순간 정확한 판단과 결단력을 필요로 하는 피를 말리는 리스크와의 싸움이다. 그리스 신화 속 제우스의 아들 카이로스를 가슴에 품어야 살아남을 수 있는 게 경영자이고 오너다. 카이로스는 무성한 앞머리에 뒷머리는 없는 대머리고 발에는 날개가 달린 모습을 하고 신화에 등장한다. 왼손에는 저울을, 오른손에는 칼을 들고 있으면서 정확한 판단과 빠른 결단을 상징하는 기회의 신으로 존재한다. 그래서 세상의 많은 경영인들이 그를 닮고 싶어 한다. 무릇 다른 신들과는 다른 모습의 카이로스는 언뜻 미친 자 같지만 그는 손의 거울과 칼로 상징되는 정확한 판단과 칼 같은 결단력을 가진 자다.

구글의 페이지가 그를 알아본 것일까? 미친 짓을 하지 않으면 잘 못하는 것이라는 그의 말이 현대의 경영인들에게 주는 의미가 간단치 않다. 미친 짓으로 나오는 창의적 제품과 전략들, 그 속에서 위험을 무릅쓰는 빠른 판단력과 결단들. 도처에 자리한 위험들 때문에 기업을 하는 사람들은 등에서 식은땀이 흐른다고 한다. 한 방에 훅 하고 날아갈 수 있는 게 오늘의 기업임을 그들이 알기 때문이다. 역사의 뒤안길로 사라진 공룡기업들이 얼마나 많은지를 목격했기 때문이다.

인생의 경영도 이와 다르지 않다.

"위대한 작품은 전례가 없었다는 이유로 불편하다." 미친 짓으로 만든 창조적 기업이 생소한 이유다.

"미쳤어?" 일반적인 틀을 깨고 모험을 시도하는 사람들을 보는 우리에게 이들의 시도가 불편하고 탐탁지 않은 이유다.

"꿈 깨. 생각이 너무 위험해. 좀 편하게 살아."

인생을 경영하는데, 오후 3시가 조금 넘었을 뿐인데, 편하게 살라는 명분을 앞세워 문 닫을 준비를 하란다. 인생을 도전적으로, 미친 듯한 열정으로 살길 소망하는 사람들에게 편하게 살라는 말은 감옥 같은 아파트에 들어앉아 세 끼 밥이나 먹다 죽으라는 이야기와 같다.

젊음을 주는 것은 보톡스가 아니라 미친 열정이다. 그래서 감히 구글의 래리 페이지의 말을 가슴에 품는다.

"미친 짓을 하지 않는다면, 잘못 사는 것."

슈퍼우먼 신드롬의
상처

워싱턴 디시 전역에 눈이 쏟아져 조지타운 대학을 비롯한 많은 곳이 휴무에 들어갔다. 하지만 휴교임에도 인터넷 강의로 학교에서의 두 배의 시간을 공부하는 데 쏟아 붓지 않으면 안 되는 게 경이의 현실이었다. 5분여의 짧은 휴식 외엔 온종일 책상에 매달려 있는 젊음에게서 지적인 용감무쌍함이 느껴졌다.

"이 거대한 미국이 자유 속에 흐르는 도전정신과 강력한 책임의식 때문에 지켜지고 있는 것 같아. 오늘같이 폭설로 도로가 끊겨도 그냥 침대에서 뒹구는 휴무가 아니라 더한 긴장감으로 재택근무를 하고, 강의를 듣게 하는구나. 로슬린을 중심으로 한 사무실 속 미국인들의 일하고 공부하는 모습들이 모두 예사롭지가 않다. 너도 적당히 편안함을 탐해도 될 수 있는 상황에서 스스로를 책상에 앉히고 몰입하는 용기가 참 가상하다. 이곳의 긴장된 분위기 때문이겠지…. 행운의 여신은 여전히 도전하는 자의 편임을 알지?"

평소 칭찬에 인색한 내 코멘트에 씨-익 웃는 젊음.

"이제야 좋은 엄마가 어떤 건지 알 것 같아요. 이 미친 분량의 심혈 관계 강의를 엄마와 함께 들으며 오전 9시부터 오후 6시까지 토론하며 공부하는 행운을 가진 사람은 아마 나밖에 없을 거예요. 어릴 땐 우릴 놔두고 일하러 나가는 엄마는 나쁜 엄마 쪽에 가까웠는데 지금 이렇게 커서야 엄마의 진가를 알아보다니…."

12월 10일 눈이 쏟아지는 수요일, 알링턴 스튜디오에서 나와 경의 대화였다.

내 젊은 날, 일하려는 여자들의 무릎을 꿇리는 말은 '나쁜 엄마, 나쁜 아내, 나쁜 딸'이 되리라는 사회적 편견이었다. 전문직을 가졌으면서도 가정으로 돌아가 아이들과 함께 있어야 한다는 암묵적인 사회적 강요에 굴복하게 만드는 것은 이런 불안감에 무릎 꿇었기 때문이다.

그런데 이 나이가 되어 알아버린 사실은 그것이 모두 조작된 편견이었다는 것이다.

가정과 일을 동시에 하면서 '행복한 전문 인력인 동시에 유능한 엄마'로 각인되었다면 착한 엄마 신드롬이나 슈퍼우먼 신드롬에 속지 않을 수 있었다.

좋은 엄마보다는 유능한 엄마가 되는 편이 나았다. 보통 유능한 엄마는 나쁜 엄마라는 편견 쪽에 가까웠지만 이에 속지 말았어야 한다. 행복한 전문 인력으로의 역량을 키우는 시간을 가정으로 돌아가야 한다는 강박증 때문에 미리 포기하지 말았어야 한다.

"일과 가정의 병립은 거의 불가능해요."라는 말이 우리 시대 일하는 여자들의 가장 큰 고민이었다. 남성 위주의 사회구조 속에서 그들의 편안함에 맞게 조작된 시대적 패러다임대로 결혼을 하고 아이를 낳으면 여자들은 좋은 엄마가 되어야 한다는 강박과 나쁜 엄마로 낙인찍힐 수 있다는 불안감으로 하던 일을 멈추고 돌아가야 했다. 그리고 아이들이 커서 제 길로 가고 난 다음에 다시 사회로 진입하기가 얼마나 어렵고 두려움을 주는 것인지 미처 몰랐다.

시대가 변해 가정에서의 주도권을 여자가 쥠으로써 그들의 사회적 도피를 보상받으려는 전업주부의 길을 택한 여자들과의 결혼생활이 쉽지 않은 게 지금의 남자들임을 모르지 않는다.

용감하게 자신의 커리어를 지키며 일하고 있는 능력 있는 여자를 만나 결혼하고 진정한 의미의 삶의 동반자로 함께 살 용기를 가진 남자가 성공적인 삶을 살 수 있다는 조언을 그들에게 하고 싶다. 일종의 도전이지만 능력 있는 진취적인 여자를 만나 결혼하는 것도 행운의 여신을 옆에 두는 기회다.

유능한 전문 인력인 동시에 행복한 엄마로 있을 수 있는 능력 있는 여자를 만나고, 그들이 행복한 전문 인력인 동시에 유능한 엄마가 될 수 있게 돕는 남자가 되는 것은 용기를 필요로 한다. 트로피 와이프 Trophy Wife에 대한 환상을 버려야 하는 점도 있지만 하나를 얻으려면 다른 하나는 포기해야 함이 공평하지 않은가?

장성한 아들만 셋을 둔 난 사실 그들의 짝이 될 젊은 여자들에게 무심할 수가 없다.

내가 지나온 문턱에 지금 서 있는 야망 있는 젊은 여자들에게 멘토링을 주고 싶다.

끊임없이 여자가 너무 설친다는 편견을 깨고 할 말은 하는 용기가 있어야 하고, 우렁각시 환상에 빠진 남자들과 싸우는 것을 주저하지 말아야 한다. 그것은 주체적인 경제능력과 직결된다. 이는 남자든 여자든 기존의 관념을 깨는 용감함을 갖고 홀로서기에 충분한 능력과 실력을 가져야 가능한 일이다.

일을 정말 그만두기 전에 미리 그만두지 말라는 말 또한 이 나이에 새삼 깨달은 진리다. 그동안 많은 것을 미리 포기했다. 결혼하면 남편의 일정에 걸림돌이 되는 것을, 아이가 생기면 아이와 시간을 보내야 하는 엄마로 집으로 돌아가야 한다며 진로를 바꿨다. 나쁜 엄마 소리를 들을까에 대한 불안은 공포에 가까웠다.

하지만 행운의 여신은 그런 기존의 생각을 뒤집고 위험을 무릅쓰는 용감한 자에게 미소를 보낸다는 것을 이제야 알게 되었다.

이렇듯 우리 시대의 슈퍼우먼 신드롬이 준 상흔이 너무나 크다.

젊음이 온 힘을 바쳐 공부하는 곳에서 오히려 나를 돌아보는 시간을 갖게 되었다. 포기하지 말자. 불안을 떨쳐버리자. 그 모든 불안을 극복하는 용감한 자에게만이 행운의 여신은 마침내 미소를 보낸다는 것을 알자.

오늘 워싱턴의 눈사태 속 휴교시간에 학교보다 더한 긴장의 9시간을 경과 함께 공부한 후, 저녁을 먹기 위해 월슨 길의 베트남 식당을 찾으며 든 생각이다.

　지레 겁먹고 결혼을 포기했다면, 슈퍼우먼 신드롬 상처에 굴복해서 결혼하지 않았다면 이런 영민한 자식들을 어떻게 가졌을까….

어떻게 우물을
팔 것인가

    균열과 위기를 맞은 삶의 한 모퉁이에 서 있다. 삶의 의미가 흔들리는 인생의 전환기에 있다.

    책 한 권 가슴에 품고 불면의 밤을 보냈던 청년기도 지나고, 폼을 잡으며 허무맹랑한 꿈을 꾸던 젊음도 없다. 다음 세대와 나라를 걱정해야 하는 기성세대라며 짐짓 늙은 체를 해야 하는 나이가 되자, 내 손으로 직접 우물을 파서 인생을 만들었어야 함을 뼈저리게 느끼게 된다. 인생경험이 일천했던 젊은 날, 여기저기 인맥이나 사업의 광맥을 찾기 위해 참으로 많이 남의 물을 길러 다녔다. 다른 사람의 성공을 벤치마킹하고 그들의 책을 읽으며 성공이라는 것을 얻기 위해 노력했다.

    그러나 어디 맨땅에 헤딩하기가 쉬운 일인가?

    많은 이가 성공한 사람들의 주변을 서성이며 노하우를 귀동냥하면서 그들의 반이라도 닮을 수 있길 바라며 삶의 기초를 만든다. 그런데 이 나이가 되고 보니 이젠 더 이상 남의 물을 길러 갈 데가 없게 되었다. 스스로 우물을 파야 하는 인생의 전환기인데 불행히도 나이가 주는 체면이 길을 막는다. 그동안 남의 우물에서 길어다 먹는 물에 익숙해 온 습관 속에서 스스로 우물을 파는 방법을 잊어버렸다.

제2의 인생도약을 위한 창의적인 아이디어는 떠오르지 않고, 우물을 파기 위해 손에 잡아야 할 곡괭이며 삽이 낯설다. 젊음들에겐 익숙한 연장인 컴퓨터, 스마트폰을 다루기가 쉽지 않다. 스스로 기획하고 방법을 찾는 일의 시작이 막막하여 벽 앞에 선 듯 답답하다.

스스로의 우물을 파기 위해선 세상의 모든 것에 대한 호기심을 가져야 하고, 위험과 힘든 노동을 대가로 지불할 각오를 해야 한다.

한국이라는 나라가, 삼성이라는 거대기업이, 가난한 산업화 초기에 기술개발 없이 남의 나라 기술에 의존해서 성장해 온 지금, 발전의 한계에 봉착해 있고, 창조경영을 화두로 걸고 스스로 우물을 파야 살아남을 수 있다고 고민하고 있다. 거대기업 삼성의 오너는 순식간의 속도로 회사가 망할 수도 있다는 것을 본능적으로 감지하고 위기경영을 강조하고 있다.

개인의 인생도 이와 다르지 않다.

인생의 무게감은 만유인력의 법칙에 들어맞는다. 10대는 10마일, 80대는 80마일의 속도로 낙하하는 게 인생이다. 떨어지는 속도만큼 중력도 크다. 비록 나이라는 중압감 때문에 무거운 중력으로 빨리 낙하하는 인생의 나이지만 아직 끝이 아니다.

더 늦기 전에 스스로의 우물을 파야 지속적인 삶의 성장을 지킬 수 있다는 사실이 불면의 밤을 보내게 한다.

나이가 들면서 열정은 시들고 젊음들에게 자리를 내주어야 하는 순간, 잉여인간이 되지 않으려면 구조화하고 시스템화하여 제2의 인생을 만들어야 한다.

젊은이들에게 외계인 취급을 받지 않으려면 그들의 SNS 세계로 두렵지만 발을 들여놓고 함께 즐길 줄 알아야 한다. 목마른 사람이 샘을 파야 하지 않는가? 나만의 우물을 파야 한다.

어떻게 해서든 우리에게 익숙한 과거의 방식을 고집하고 싶지만 새로운 세대는 강렬한 저항으로 그 의도를 뭉개버린다. 굳이 앨빈 토플러의 제3의 물결을 예로 들지 않아도 새로운 시대는 무서운 속도로 현실을 지배하고 있다.

주말 아침 브런치 레스토랑을 찾는 데도 명확한 차이가 있었다.

"아침 좀 근사한 데서 먹을까? 신문에 난 이 식당 어때?"

"리뷰도 없는 식당에 광고만 믿고 갔다가 형편없는 식사를 한 게 한두 번이 아니니 옐프에서 찾아볼게요."

아날로그 시대의 내겐 가 보지 않은 새로운 식당을 찾는 것조차 그리 호락호락한 일은 아니다. 오직 맛보고 가봐야 알 수 있는 나를, 젊은 세대는 즉시 스마트폰을 두드리고 근사한 '더 올드 와인 카페'로 안내했다.

전혀 예상치 못한 후미진 외딴 골목. 큰길에선 절대 보이지 않는 곳에 위치한 이곳은 이탈리아 요리로 이미 오렌지 카운티의 젊음들 사이에선 유명세를 타고 있었다. 오직 SNS의 리플에 의해 알려진 이곳은 30여 분의 기다림조차 개의치 않게 하는 독특함이 있어 충격이었다.

기존의 레스토랑 개념을 완전히 뒤집는 반전이 그곳에 있었다. 어떻게 이들은 이곳을 알고 왔을까? 어떻게 식당주인은 이런 곳에 이런 메뉴로 열에 아홉은 실패한다는 식당을 열 수 있었을까?

제3의 물결인 정보화 시대의 젊은 디지털과 제2의 물결인 산업화 시대를 산 아날로그의 충돌이 오늘 아침 우리에게 있었다.

새로운 아이디어와 전략으로 무장하고 기존의 교과서적인 성공이론을 보기 좋게 깔아뭉갠 이 반전의 레스토랑을 SNS의 도움 없인 결단코 와보지 못했을 것이다. 이 식당은 남의 식당 메뉴를 퍼 날라 베끼지 않고 자신들만의 독특한 콘셉트로 자신들만의 우물을 파서 생존에 성공한 곳이다. 레스토랑의 제1요건인 location, location, location!을 비웃었다. 아무도 눈치챌 수 없는 구석에 오픈을 하고 오직 SNS를 통해서만 유명해진 이곳. 스스로를 구조화한 치밀한 전략으로 성공한 곳임을 알 수 있었다.

현재는 스스로의 우물을 파지 않으면, 창의력으로 무장하지 않으면, 미래가 없는 시대다.

미래를 예측한다는 것은 어두운 밤길에 차를 몰고 나가는 것과 같다. 이미 남의 우물에 물을 길러 갈 수 있는 시대가 지나갔다.

피터 드러커의 "미래를 예측하는 가장 좋은 방법은 미래를 창조하는 것이다."라는 말이 비수처럼 꽂힌다.

막막하고 불안한 인생의 전환기에 들어서면서 스스로의 우물을 팔 창조적 마인드를 갈망한다. 창조적으로, 그러면서 과학적인 정확함으로, 전략을 짜고 일을 구조화해야 살아남을 수 있는 게 지금, 이 순간의 인생이다. 어떻게 우물을 팔 것인가… 어렵고 막막하다.

그러나 조급해하지 않으려 한다. 아직 끝이 아니다.

Part 2

B
세 끼 양식처럼
먹고 사는 결핍감

벽돌이 쌓인다고 집이 되지 않듯이
시간이 쌓인다고 삶이 만들어지는 것은 아니다.
– 앨리스 –

미래에 대한 불안이
밤안개처럼 자욱하다

"열정이 없으니 삶이 지옥이야. 나이를 의식하자 자신감이 없어지고 내가 믿었던 삶의 가치가 무언지 모르겠어. 우울한 불안의 그림자가 나를 덮치려 해."

이제는 인생을 논하고 삶의 의미를 토론할 만큼 머리가 굵고 성숙한 아들 앞에서 소주와 맥주를 섞은 술의 힘을 빌려, 비치 활어횟집의 시끌벅적한 분위기를 이용해서, 가슴속에 응어리진 불안을 토해냈다. 오랜만에 방학을 맞아 엄마에게 온 가엾은 젊음이 오늘 귀찮이를 하고 있다.

"열심히 사는 한, 인간은 불안으로부터 벗어날 수 없다…. 아이러니하게도 그것이 현실이라고 말한 사람이 엄마예요. 열심히 풀 스피드로 달려온 삶이기에 지금 방향을 잃었다고 생각하는 거예요. '그대가 지금 불안하다면 그것은 잘하고 있는 것이다. 능력이 모자라서 힘들고 불안한 게 아니라 최선을 다하고 있기에 힘들고 불안한 것이다.'라는 말을 조지타운 대학에 초청강사로 온 전 국무장관이었던 수잔 라이스의 강의에서 들었어요. 그러니 힘내세요. 불안하고 힘든 게 이제껏 최선을 다했기 때문이라는 말에 난 전적으로 동의해요."

성숙한 젊음의 말이 내가 들이킨 소맥 잔 위로 맑은 소리를 내며 굴러 떨어졌다.

하긴 어찌 그게 나이 든 나뿐이랴.

이 젊음이 나가 살아내야 할 세상 속 치열한 생존경쟁이 원 안의 1%와 원 밖의 99%를 구별 짓고 있는데….

그가 살아내야 할 사회현상 전반에 불안은 밤안개처럼 자욱하다. 그게 현실이다.

하지만 최선을 다하고 있기에 불안한 것이라는 수잔 라이스의 말이 위로가 되었다고 이 아름다운 젊음은 내게 위로를 건넨다.

"그래 맞아. 흑인이며 여자라는 더블 글라스 실링을 뚫은, 그 똑똑한 여자, 정치가이며 경제학자인 수잔 라이스의 말이니 믿을게. 사회적 지위나 경제력의 성공에 대한 꺼지지 않은 갈망도 사랑만큼이나 벗어나기 힘든 불안함의 요체지. 우리 모두는 노동자가 아닌 사회적 리더로서의 일자리를 갈망해. 민주주의는 끊임없는 진화를 계속하며 만인의 평등을 부르짖지만 아이러니하게도 경제가 발전할수록 눈에 보이진 않지만 선택된 상위계급이 있음을 부인할 수 없어. 인류의 역사와 함께한 그것이 아무리 투쟁한들, 어쩔 수 없이 존재하는 게 현실이지."

"엄마, 그들의 눈엔 엄마도 금수저예요. 여기까지 올 때까지의 고난은 생각하지 않죠. 우선 자기보다 많이 가졌으면서 그런 소릴 하면 그들의 비웃음을 사요. 조심하세요."

어느새 우리의 이야기는 사회경제의 근원적인 문제로 옮겨가고 있었다.

"한국에 단군신화가 있어. 환웅이 3,000명을 거느리고 태백산(백두산) 꼭대기의 신단수에 내려와 신시라 이름 하고 환웅 천왕이 되었어. 그는 풍백, 운사, 우사를 거느리고 곡식과 수명과 역병과 형벌과 선악을 주관하고 인간의 3,600가지 일을 주관하며 세상을 다스렸대. 어찌 생각하니? 환웅이 바람, 구름, 비를 주관하는 주술사를 데려온 것은 그 당시의 경제활동의 핵인 농사를 번영시키기 위한 것이었고, 농업으로 잉여생산이 가능했기에 이들은 일을 하지 않는 지배계급으로 존재했다는 이야기야. 놀랍지 않니? 그 오래된 신화에서도 경제에 따른 지배계급의 출현을 이야기하고 있으니….

지금의 난 어떤 위치일까? 나이와 함께 사회의 변두리로 물러나고, 쓰나미처럼 몰려오는 미래의 물결에 적응하지 못한 채 밀려나는 미래에 대한 걱정이 밤안개처럼 자욱하게 사방을 덮고 있는 지금의 난…."

젊음과의 이야기를 통해 불안의 요체를 보는 행운의 시간을 가졌다. 밤안개처럼 자욱하고 어두운 불안의 본질. 열정과 꿈을 이야기하지만 결국 내 불안함의 요체는 경제적 파워를 상실하는 것에, 더 이상 자식들에게 걸던 소망이 불가능하다는 현실에, 어쩌면 한 방에 훅 하고 인생이 날아갈 수도 있는 늙음과 질병에 대한 걱정에서 오는 불안이었다.

나무가 아닌 숲을 보며 미래를 준비해야 하는데 능력 부족이 발목을 잡는 현실이 내 두려움을 배가시키고 있었다. 겸손한 상태로 다시 시작하려는데 현실은 이만 쉬고 물러나라 한다. 나이가 들어 갖는 열망은 노회한 욕심으로 비치고, 암이나 질병의 예기치 않은 공격은 인생을 한 방에 쾅당 하고 넘어뜨린다.

남에게 보이기 위한 미래는 더 이상 나를 위한 게 아닌 것을 알았지만 갈 길을 모른다. 쓰나미처럼 밀려오는 미래의 패러다임 위에 올라타야 한다는 것은 알지만 길을 잃었다.

언제나 선택과 포기의 문제가 또 나를 괴롭힌다.

어디로 가야 길을 찾을까? 때론 한 단어, 한 마디의 말이 삶의 전환점에서 방향키가 됨을 경험하지 않았던가….

미래에 대한 선택은 항상 가장 소중하고 가치 있는 것에 대한 희생, 포기를 대가로 요구한다. 돈을 벌기 위해 여가를 포기하듯 미래의 불안감을 덜어낼 일을 찾기 위해선 현재의 편안함, 안전함을 희생해야 한다. 경제학에서의 기회비용이다. 컴포트 존Comfort Zone을 나서기가 쉽지 않다.

어렵지만 그것만이 불안의 안개 속을 벗어나는 유일한 방법이다.

열망과 꿈도 결국은 경제력의 상실, 잃어버린 건강 앞에선 헛된 바람이고 불안의 요체일 뿐이라는 것을 깨닫는다. 결국 내 불안의 요체는 간단명료하게 건강과 나이 듦과, 아직도 세상의 성공에 목매고 있건만 미흡함에서 오는 불만족 아닌가….

결국 이 솔직한 단어들을 피해 단군신화까지 끌어다 대며 고상한
척하는 내가 가소롭다.

　　"젊은 저도 그래요. 미래는 제게도 밤안개처럼 자욱하고 불안해요.
그러니 수잔 라이스의 말을 붙들고 함께 일어나요. 많이 취했습니다.
우리 김 박사님…."

답이 없는 질문들로
머리를 튜닝한다

엔진오일을 갈기 위해 어바인 스펙트럼 근처의 정비소를 찾으며 문득 낡아버린 내 머리의 튜닝은 무엇으로 해야 하나를 생각했다. 시대적 패러다임에서 눈을 떼면 갈라파고스 섬의 늙은 거북이처럼 외롭게 도태된다. 스스로에게 끊임없는 질문들을 던지며 머리를 튜닝하고 살아 있는 정신을 유지해야 한다는 생각이 들었다.

표현은 침묵보다 아름다운가?

대기업은 악하고 중소기업은 착한가?

노동자는 착하고 회사의 오너는 사악한가?

환자와 그 가족은 착하고 의사는 악한가?

라는 부질없는 질문들이 그동안 단순하게 생각하던 머릿속에 폭풍을 일으켰다.

최근 머리를 비우는 훈련인 요가와 명상에 대한 책에 몰입했던 내 의식이 단순 무식해지는 듯했었다. 차도 10년을 쓰면 튜닝을 하는데 나이 들어가는 우리들의 정신을 튜닝하는 데는 쓸모없을 것 같은 질문들이 좋을 듯하다.

TV CNN 방송에서 미국의 양적완화에 대한 전략을 말하는 버냉키 의장의 입에서 몇 번 수요공급이라는 말이 튀어나온다. 우리 모두는 굳이 그의 말이 아니더라도 수요와 공급의 법칙이 지배하는 경제사회를 살고 있다. 만인에 대한 만인의 평등을 부르짖는 민주주의 시대를 살고 있다. 앵무새도 수요와 공급이라는 말을 배우면 경제학자가 될 수 있을 만큼 평범하기 그지없는 게 경제학의 기본원리가 아닌가? 엔진오일 숍에 서서 기다리던 나는 문득 수요와 공급이라는 단어로 머릿속에 폭풍을 일으키며 튜닝을 한다.

가격이 내려가면 공급이 줄고 가격이 오르면 공급이 는다. 그런데 유독 인간들에겐 이게 어려운건 왜일까? 왜일까?

우리들 욕망의 밑바닥을 채우는 수요에 대한 갈망은 철저히 우리들의 능력과 비례하기 때문이다. 능력이 없으면 수요를 창출할 수 없고 우리들의 갈망은 허무한 욕구에 불과하게 된다. 많이 가진 자들에게는 도덕적 잣대를 엄격히 들이대면서 조금 가진 자들을 보호하는 게 사회정의고 경제의 민주화라고 한다. 정말 그런가? 가난을 탓할 순 없지만, 가난이 자랑일 순 없다. 노력한다고 다 부자가 되진 않지만, 적어도 성공한 자들은 모두 노력했다.

시장의 한편에선 자기들만의 기득권을 배경으로 벽을 높이 치고 시장에 공급을 규제함으로써 시장가격을 올리는 무수한 작전세력들이 있다. 이들에게 철퇴를 내리는 게 사회정의다. 함무라비 법전의 '눈에는 눈 이에는 이'라는 글귀처럼 권력을 가진 국가가 잔혹한 철퇴를 내리침으로써 규제를 했다. 그러나 오늘날 경제학 일각에선 새로운 넛지NUDGE(어떤 선택을 금지하거나 인센티브를 강력하게 하지 않으면서 유연하고 비(非)강압적인 방법으로 사람들의 경제행태를 변화시키는 것)의 규제가 트렌드화되고 있다고 한다. 이는 빅토르 위고의 소설 『레미제라블』에서 유래했다고 해설가가 설명을 부연한다.

예전의 진리가 더 이상 진리가 아닐 때가 많다. 우리의 젊은 날에 옳다고 믿던 신념, 정책, 윤리마저도 지금은 더 이상 진리가 아니다.

사랑을 표현하지 않는 연인들은 사랑할 자격이 없다고 매도되고, 입에 발린 사랑한다는 말을 앵무새처럼 말해야 그나마 관계를 유지할 수 있다는 게 요즘의 통념이다. 그런데 도저히 입이 떨어지지 않는 사람도 있다. 그들 속의 진짜 사랑은 침묵 속에 있다.

정말 그들 속의 사랑을 말하지 않는다고 우리가 모를까?

내 엄마가 나에게 "사랑해"라는 소릴 하지 않는다고 그 사랑을 모를까?

엄마의 침묵이 나쁠까? 표현이 침묵보다 언제나 아름다운가?

이들 질문들 앞에서 나는 너무나 뜨악한 느낌을 받는다.

좋은 옷에 좋은 집에 살면 그게 가치 있는 삶인 줄 알았다. 돈을 초월했다고 하지만 결국은 돈 때문에 기뻐하고 돈 때문에 마음을 졸인다. 자식에게 목숨을 건 세대이기에 캥거루족을 만들었다. 나이가 들어도 독립하지 못하고 부모 집으로 들어와 부모의 모든 것을 축내는 자식들이 사회문제가 되고 있다. 나라고 예외는 아니다.

삶을 알 나이가 되니 어디에 사는 가 하는 것이 그리 대수는 아니면을 알았다. 우물 안의 나는 비로소 세상이라는 시장바닥에서 적나라하게 드러난 보잘것없는 나의 현실을 목격한다.

무리한 것을 원한다며 수시로 지탄을 받던 많은 시도들도 실패한 모습으로 남아 비참함을 더한다. 하지만 적어도 시도한 인생에서 배운 것은 있다.

실패를 통해 배운 것이지만 변화와 개혁은 뜻밖의 모습으로 온다는 것.

실패했지만 마음속에 있는 진실과 용기마저 헛되지는 않는다는 것.

생명을 가진 씨앗은 반드시 싹이 난다는 것을 배웠다.

세상에는 뿌뜨와 현상Putois Phenomenon을 이용해서 현혹시키는 사람들이 많다. 대기업이 사악하고 미국이야말로 이기적이고 나쁜 나라라는 그럴듯한 거짓말을 만들어 유포시키면 여러 사람의 입을 거치면서,

특히 전문가라고 자처하는 사람들의 입을 거치면서 그것들은 진짜 사실처럼 우리의 의식에 자리를 튼다. 건강에 대한 범람하는 상식들과 잘못된 정보는 또 어떤가?

거짓말이란 일단 탄생하면 실존하는 생물체처럼 자기만의 삶을 살아간다는 것이 쀠뜨아 현상(아나톨 프랑스의 단편소설「Putois」에서 유래한 것으로, 주인공이 초대받은 저녁식사에 가지 않기 위해 거짓말을 만들어내고 여러 사람 입을 거치면서 진짜처럼 된 것)으로 설명된다. 그런 의미에서 현대를 사는 우리는, 나이가 들어서도 보다 성숙한 인간으로 있으려면 언제나 거꾸로 생각해보는 것에 익숙해져야 한다.

쓸데없는 질문으로 머리를 튜닝해야 하는 이유다.

'우리가 믿던 그 모든 것이 진짜 그런가?'라고 의심하자 머릿속에 광풍이 분다.

그리고 머릿속 폭풍이 가라앉으니 새로운 답이 보인다.

대기업의 문제점에도 불구하고 그들은 한국을 가난의 굴레로부터 벗어나게 했다. 세계 곳곳에 휘날리는 삼성이나 현대의 깃발이 한국이라는 나라의 밥그릇이다.

앵무새처럼 '사랑해'를 연발하지만 마음이 없는 빈 껍질 사랑이 얼마나 많은가. 그런 속에서도 묵묵히 자기의 자리를 지키며 사랑의 책임을 지키는 사람들. 침묵 속에 가라앉은 묵직한 책임을 행하는 사랑이 결코 가볍지 않다는 게 보인다.

참 오지랖이다. 엔진오일을 갈면서 머리를 튜닝한답시고 쓸모없는 질문을 나에게 던지고 있다니….

다시,
사랑

"나이 여든이 되어도 조지타운 워터 프런트 '닉' 같은 곳에서 미모사와 함께하는 브런치를 먹고, 스타벅스에서 달콤한 마키아토를 즐기며 카톡으로 잔소리하는 것을 포기할 엄마가 아니지요. 그 나이까지도 사랑이라는 말을 입에 담으며…. 사랑을 믿어요? 과연 사랑이 있기는 한가요?"

사귀던 여자친구로부터 다른 사람과의 결혼을 통보받고 한동안 방황의 어두운 터널을 헤매다 첫사랑과 비슷한 여자친구를 만난 후 안정이 된 W의 말이다.

"사랑을 믿지 마라. 그리고 사랑을 믿어라 하고 말한다면 이해하겠니? 나이를 먹는다는 것의 가장 큰 장애가 사랑을 믿지 않게 되는 거야. 그러나 상처받고 때로는 지독한 열병으로 널 죽을 만큼 힘들게 해도 사랑을 믿어…. 난 그럴래."

"언제쯤 철이 들래요?"

비꼬듯 웃으며 대답하지만 굳이 부정하진 않는다.

"나이 예순에도 번개처럼 짜릿하고 천둥처럼 엄청난 사랑이, 새로운 것에 대한 숨 막히는 열정이 내 안에 있다고 믿을래. 그냥 그렇게 놔둬."

"…."

말없음이 오히려 많은 말을 하는 침묵의 시간을 경험했다. 화창한 주말 아침 포토맥 강에선 화려한 요트 위 아름다운 사람들이 햇빛을 받으며 주말을 열고 있었다.

그래, 이 젊음의 말이 옳다. 사랑은 우리를 배반한다. 도대체 믿을 수 없는 게 사랑이다.

인간들에게 사랑은 마약과 같고, 때로는 치명적이게 어리석게 만든다. 젊은 한때 우리는 사랑에 목숨을 건다. 하지만 사랑은 바닷물처럼 마실수록 목을 타들어가게 했다. 사랑에 빠져 먹지 않아도 배부르고 구름 속을 걷는 듯 세상이 온통 기쁨인 도파민적 사랑은 유효기간이 10개월, 여전히 설레고 사랑스러운 옥시타민적 사랑은 30개월이라는 생화학적 사랑의 분석도 있지만 믿지 않았다.

믿을 수 없고 배반을 일삼는 사랑을, 그럼에도 불구하고, 이 나이까지 포기할 수 없는 이유는 그것 없이는 삶의 에너지도, 열정도 없기 때문이다. 사랑은 우리를 살게 하는 가슴속의 신이다. 나이가 쉰이면 사랑도 늙어 없어지는 줄 아는 건방진 젊음들이 많다. 그들이 우리 가슴속 신으로 살고 있는 사랑을 알까?

"살면서 한 번도 생각해 보지 못했다. 내 아버지가 신사동 가로수 길에서 브런치를 먹고, 스타벅스에서 아메리카노를 즐기며 스마트폰으로 쇼핑을 할 수 있다는 것을….."

여가시간을 활용하여 엄지족 아저씨가 된 베이비부머들의 모습을 충격으로 바라본 어느 한국기자의 첫 인용구를 인터넷에서 읽었다.

사랑이 아직도 식지 않은 활화산으로 나이든 아버지의 가슴팍을 적시고 있음을 건방진 아들들은 알지 못한다. 신의 또 다른 이름인 사랑이 부모들 마음속에 있음을 애써 아는 척하지 않는다. 그 신을 찾아서 오십 줄의 누군가는 오지를 헤매고, 히말라야로 간다.

어느덧 나도 사랑의 또 다른 이름이 신이라는 것을 아는 나이가 되었다. 하지만 아직도 우리를 신 앞에서 머뭇거리게 하는 것은 그것이 가진 현실 속의 관계, 지독한 본능, 체면에 대한 두려움이다. 사랑이라는 이름으로 관계를 맺고 결혼을 했다. 그리고 그 속에 태생적으로 박힌 한계성, 배반성에 상처를 받았다. 하지만 살아남았다.

사람에 대한 사랑 대신 일에 대한 사랑으로 방향을 틀기도 했다. 공부나 사업, 일은 나를 배신하기도 하지만 내 감정까지 배신하지는 않았다.

그러나 그것 없이는 살 수 없는 사랑은 사람으로부터만 가능하다. 내가 아닌 너의 마음을 얻어야 하는 게 사랑이어서 우리의 감정은 너무나 자주 참담한 모습으로 배반을 당함을 안다. 하지만 어쩌랴!

사랑을 믿지 마라. 그리고 난 후 사랑을 믿어라! 가장 강력한 반어법적 진실이 우리가 만나야 하는 사랑인 것을….

늘 주기만 하는 사랑이 행복할까? 봉사의 삶이 행복할까? 테레사 수녀는 행복했을까?

자원봉사에 중독된 착한 사람들. 그들은 목숨을 걸고 오지의 땅 아프리카를 찾아가고, 제3세계의 빈민굴을 헤맨다. 가장 겸손한 자로 이 세상에 온 예수나 석가의 이름을 걸고 자신을 버리며 남을 위한 이타적 사랑에 몸을 던진다. 그들은 행복할까? 묻고 싶다.

적어도 그들에게 봉사는 그들 인생의 프로젝트였기에 그들 삶의 존재의미였기에 뛰어들었고, 거기에서 보상을 받았기에 가능한 사랑이다. 그 보상이 가난한 사람들의 감사로 오기도 하고, 세계 각지에서 후원금으로 오기도 한다. 한쪽이 주고 다른 쪽이 받는 것. 그런 사랑엔 사랑 자체로부터 받는 상처는 많지 않다.

싫으면 그만둬도 되는 사랑은 쉽다. 남을 돕는 것에 천부적 재능이 있던 그들은 행운아다. 그들의 헌신적 봉사는 보상을 받고, 성공적으로 이루어졌다. 그 성공이 그들의 머뭇거림을, 망설임을, 배반에 대한 고뇌를 없앴다. 사랑에 중독되듯 남을 돕는 헌신에도 중독성이 있음을 안다. 현명한 사람들에게 존경을 받고 아이들의 사랑을 받는 것, 사랑의 배반을 이겨내는 것, 자신이 한때 이곳에 살았음으로 해서 단 한 사람의 인생이라도 행복해지는 것이 성공이라고 에머슨은 말한다.

우리들 가슴속에 자리한 저마다의 신은 사랑이고, 행복이며, 누구나 바라 마지않는 성공이다.

우리 모두는 신을 찾아 세상을 헤맨다. 하지만 성공이나 행복, 사랑은 그리 쉽게 얻어지는 게 아니다. 언제나 우리를 배반한다.

"난 지금 행복해요."라고 말한다고 불행하지 않다는 뜻이 아니듯 사랑 속에 있다고 사랑의 배신을 막아낼 방법은 없다. 본래 태생적으로 사랑이든 성공이든 우리의 신들은 끊임없이 우리를 배반하고 시험에 들게 하면서 괴롭힌다. 모든 것이 소멸한다는 진리를 안다면 사랑도 예외는 아님을 이해 못 할 리 없건만 그중에서도 유난히 사랑만은 영원하리라 믿는다. 사랑에 목숨을 건다. 하지만 피어난 꽃은 져야 하고 태어난 생명은 죽어야 한다. 이 소멸의 진리를 지켜보면서 사랑의 소멸도 담담히 지켜봐야 한다. 어쩔 수 없이 겪어내야 할 것일 뿐이다.

그러면서 또다시 사랑해야 한다. 살아 있는 한 멈출 수 없는 게 사랑이기 때문이다.

또다시 사랑이지만 여전히 어렵다.

휴일 아침 아름다운 포토맥 강변에서 미모사를 기울이며 아름다운 젊음을 앞에 두고 머릿속은 사랑이라는 단어로 번잡하다.

하지만 가슴 아픈 배반 속에서도 기쁨과 고통, 삶과 죽음까지도 책임지는 것으로 사랑을 품는다면 우리들 가슴속 신은 좀 더 큰 자비의 모습으로 우리의 상처를 달래지 않을까?

사랑 없이는 살 수 없는 삶. 그래서 사랑의 배반에 가슴을 베이면서도 품을 수밖에 없는 게 소멸을 향해 가는 인간의 운명이다.

아름답고 고운 것을 보면 그대 생각을 합니다. 이것이 사랑이라면 내 사랑은 당신입니다.

– 김용택 –

헛되고 헛되지만 또다시 사랑이 그리운 아침이다.

열망이 아니면 욕망이라도
탐해야 할 나이

"욕망은 강렬하고 무례하며 오래 참지 아니하고 자기의 유익을 구하며…."

때때로 젊은이들의 욕망은 버릇없어 불쾌하고, 노인의 욕망은 누추해서 불편하다.

열망은 깨끗하게 군더더기 없이 타오르는 불꽃이지만 그것이 비추는 길을 나아가기는 쉽지 않다. 일이나 사랑에서 언제나 열정을 잃지 않기를 바라지만, 길을 찾지 못해 헤매다 상처받고는 외톨이가 되는 게 인생이다. 지독한 외로움 때문에 나와 가장 가까이에 있는 사람을 찾아 위로와 이해를 받으려 하지만 그 또한 녹록하지 않다. 나와 가장 가까이 있는 존재가 바로 나임을 잊고 있다. 내가 나를 모르고, 가족이라는 이름으로 함부로 대하면서 피를 나눈 가족 간에도 절벽 같은 소통의 단절을 느낀다. 그 속에서 더욱 외롭게 늙어간다.

내 속의 꺼지지 않은 열망은 어느덧 탐욕이라는 이름으로 매도되는 나이가 되었다. 가족들로부터는 나이가 들었으면서도 인내하지 않고, 철들지 않으며, 자기의 유익만 구한다는 핀잔을 들으면서도 포기할 수 없는 것이 가슴속 열망이다. 그것 없이는 거칠고 황량한 노년의 삶 밖에 남지 않으리라는 생각에 잠을 설친다.

메릴랜드 락빌의 러빙하트 데이케어에 자원봉사를 하겠다고 방문했다. 다들 먹고살기 바빠서, 언어장벽 때문에 자원봉사 따위는 신경 쓸 엄두가 없는 게 한인사회인데 영어를 불편함 없이 구사하며 적당한 나이의 지원자가 오니, 노인들이 병원을 방문할 때 통역이 절실하던 그곳에선 결핵검사만 하면 즉시 가능하다며 환영이다.

러시아계 미국인 3명과 한국분 1명이 공동투자로 설립한 곳이라 했다. 버지니아와 메릴랜드의 다른 도시에 3곳이 더 있고 두 곳은 백인 노인들만, 한 곳은 아시아인과 백인 혼합, 그리고 이곳은 한인노인 위주의 데이케어라고 책임자인 신디가 말한다. UCLA에서 석사를 받았고 전형적인 사회복지사의 직업 냄새가 물씬 풍기는 그녀는 보기 드물게 세련된 한인여성이다. 그녀를 보며 문득 내게선 어떤 직업적 냄새가 풍길까를 생각했다. 교사, 회사원, 상인들은 그들 특유의 직업적 아우라가 몸에 배어 있다. 몸담은 분야의 일이 우리의 생긴 그대로의 감성을 다듬어 직업에 걸맞은 감성으로 길들인다.

내 숨길 수 없는 직업적 냄새 때문이었을까? 아니면 자신보다 나이 많은 자원봉사자에 대한 예의 탓이었을까?

"선생님, 이곳은 7-3으로 일합니다. 간호사와 물리치료사들이 의료를 담당합니다. 8시 30분까지 오시면 됩니다. 노인들에 대한 배려와 열정이 필요한 봉사입니다."

재스민이라는 이름이 아닌 선생님이라는 호칭이다.

데이케어를 안내받으며 많은 생각들이 머리를 스쳤다. 특히 봉사활동을 통해서라도 붙들고 싶었던 열정이라는 단어가 본드처럼 떨어지지 않고 의식을 지배했다.

미국 동부 한국노인들의 모습이 서부 캘리포니아와는 사뭇 다르게 윤택해서 우선 놀랐다. 많은 사람들이 한국에서 풍족한 돈을 들고 오신 분들이라 한다. 현금을 방석에 넣어놓은 돈방석 노인, 침대 매트리스에 깔아놓은 돈침대 노인의 별명을 가진 이분들은 이곳 버지니아나 메릴랜드의 의료기 가게의 큰 고객들이라고 신디는 덧붙인다. 그들은 돈 있고, 여유가 있다. 재력, 즉 자식들의 관심마저 가져오는 유산 때문이겠지만 매주 자식들의 안부 전화를 받으며 사는 행복한 노인들이란다. 모두들 모국어를 하는 데이케어에 모여 빙고게임을 하고 라인댄스를 배우며, 점심을 먹고, 집까지 바래다주는 차를 타며 오가는 게 매일의 일과다.

돈 있고 점잖게 나이든 분들이어서 예의 있고 남을 배려하는데, 그들의 모습에서 난 어쩔 수 없는 노인들의 허무와 부족함을 첫눈에 알아본다. 생기 없이 조용히 마른 드라이플라워 같다. 한 사람 한 사람의 역사는 누구보다도 화려했을 젊은 날을 가졌을지도 모른다. 그러기에 지금 같은 풍요와 여유의 노년을 보낼 수 있으리라는 걸 부정하지 못한다. 카키색 바지에 하늘색 셔츠를 받쳐 입은 노인이 참으로 곱다. 그러나 그가 노인으로밖에 불릴 수 없는 이유는 그에게 열망이,

비록 무례하고 성급하며 자기의 이익만을 구하더라도, 뜨겁게 살아 움직이는 욕망이 죽어서일 게다.

편하고 여유롭게, 조용히 살다 가기엔 너무 긴 노년의 삶이 그들 앞에 있다. 누구나 바라 마지않는 걱정 없는 노년의 삶이건만 이곳에 삶의 싱싱함은 어디에도 없다. 깨끗하게 단장한 그들은 깔끔하게 포장되어 말린 향기 없는 꽃과 같다. 욕망을 갈망하기엔 너무 늙었다며 점잖게 늙은 분들. 품위 있지만 재미없는 천국의 노인들이다.

노후란 무언가 의미 있고 필요한 일, 그것이 봉사활동일 수도, 다시 돈을 버는 것일 수도 있는 일을 계속하는 시간이어야 한다는 것을 깨닫는 시간이다. 은퇴라는 이름으로 일이 멈추어진 이곳은, 열정이 죽고 욕망이라는 이름의 전차도 멈추어 서버린 폐허의 간이역일 뿐이

다. 일에서 물러났다면 '쓸데없는 공부'인 사진, 그림, 글쓰기라도 계속해야 가슴속 열정의 불씨를 꺼뜨리지 않는다. 나이가 들어 이젠 정말 써먹을 시간조차 없는 공부지만 그 쓸데없는 공부를 하기에 가장 안성맞춤인 시간이 노년이다. 그래야 혹시 건강을 잃어도 행복할 수 있지 않을까….

건강을 잃으면 어쩌나 하는 불안은 나이 든 모든 이들의 피할 수 없는 공포다. 소리 없이 다가오는 질병의 공습으로부터 자유로울 사람은 없다. 하지만 사랑과 일은 건강을 염려하는 자들을 위한 가장 좋은 처방전이고 그것은 부작용이 없는 약이다.

불행히도 사랑과 일은 열정 없이는 가질 수 없는 저 너머에 있다. 비록 무례하고 자기의 이익을 구하는 욕망일망정 절실히 원해야 사랑이든, 일을 가질 수 있다. 뒷방늙은이가 되지 않기 위해 열정이, 욕망이 필요하다. '쓸데없는 공부'에 몰입하기 가장 좋은 나이. 마음껏 시간 쓰는 일을 찾아야 하는 나이다.

마음껏 돈을 쓰는 일은 혼자서는 재미없으며, 쉽게 싫증이 난다. 돈으로 살 수 있는 물건이란 보는 게 아니라 사용하는 것인데 보아주고, 부러워해 줄 사람도 없어지고, 물건을 사용할 시간도 제한된 탓이다. 그동안 쓰지 못했던 자신만을 위한 시간을 마음껏 쓸 '일'을 찾은 사람은 그의 노년이 얼마나 풍요로운지…. 일에는 항상 성취와 열정이 함께 오기 때문이다. 실패한들 또 상관이 없는 게 노년의 도전이다. 비록 모든 것을 다 잃고 남루한 일상 속에 남겨진다 한들 남은 날이 많지 않아 수모와 실패의 고통을 가질 시간조차 짧다.

이곳에서 느낀다. 나이가 들수록 무모하게 사는 길이 가장 안전한 길임을. 그 무모함 속엔 욕망과 열정이 함께 뒤섞여 있어서 노인의 눈빛을 생생하게 빛나게 한다는 것을.

데이케어의 문을 나서는 내게 꺼져가는 열망이 말을 한다.

2Y2R<small>TOO YOUNG TO RETIRE</small>, 열망이 아니면 욕망이라도 품어라.

스마트 시대의 회오리에
길을 잃었다

참 싫다. 이 빠른 속도의 시대에 난 막차를 탄 느낌이다.

디지털 시대로의 진입기에 누군가는 시대의 흐름에 올라타고 지금 세상을 지배하는데, 뒤처진 나는 시대를 따라가기가 참새가 황새를 따라가야 하는 지경이다. 가랑이가 찢어지며 쓰러진다. 시대의 변화를 감지하지 못한 우매한 나와, 같은 시대 세상에 태어나 현재를 지배하는 빌 게이츠와 스티브 잡스….

시대의 조류를 일찌감치 알아채고 그것의 등에 올라탄 그들은 세상을 바꿨다. 그들이 초석이 된 스마트 시대의 기술들은 우리에게 이유를 묻지 말고 빨라지라고 다그쳤다. 눈이 핑핑 돌아갈 만큼 빨리 변화하는 테크놀로지와 과학, 금융 엔지니어링이 지배하는 시대를 살고 있다.

눈이 돌 만큼 빠른 속도의 시대 한구석에서 일어나는 슬로우의 미학은 말장난처럼 들린다.

그런데 아이러니하게도 이 시대의 가장 부자인 워런 버핏의 투자철학도 기다림이라고 한다. 누군가 갈망해 마지않는 부의 획득에 있어 타의 추종을 불허하는 투자자의 철학과 그가 돈을 버는 방식 앞에서 속도전의 시대를 사는 우리의 가치관에 혼동이 온다.

누군가는 그것을 속도의 배신이라고 한다. 인터넷의 속도 싸움에서 패권을 쥔 빌 게이츠는 이젠 속도가 아니라 방향이라고 한다. 소프트웨어 싸움에서 앞서고 있는 아마존을 의식해서일까?

신발 속의 돌멩이마냥 우리들 인간 본성의 불편한 진실이 적나라하게 드러나는 때다. 모두들 속도 속에 미쳐 가는데 세상의 한쪽, 꿈을 이룬 세기의 부자들은 기다림의 철학을, 속도의 배신을 이야기한다. 혼동 속에서 어느 길로 가야 할지 모르는 보통사람들 속에서 나는 길을 잃고 서 있다.

시대의 조류를 타지 못하고 따라가기에도 벅찬 나 같은 인생에게, 삶은 날것 그대로다. 인간의 욕망만 지배하는 날것의 생에선 남을 배려하거나 누군가 닮고 싶게 만드는 멘토의 존재는 없다. 구토를 일으킬 것 같은 인간의 욕망을 눈앞에 들이대는 영화나 소설이 우리의 내면을 고통스럽게 일그러뜨리는 이유다. 그대로인 세상. 그것 앞에서 오직 변하는 건 나, 나이 들어가는 나뿐이다.

불행하게도 디지털 노매드Digital Nomad가 되어 속도전에 이겨야 하는 게 세대의 흐름인데, 속도를 늦추기엔 너무 늦어서 불안하다. 시대의 변화가 두렵다.

제우스의 아들인 카이로스는 왼손엔 저울을, 오른손에는 칼을 들고 있으면서 정확한 판단과 빠른 결단을 요구하는 기회의 신이다. 현대의 속도의 시대를 사는 우리에게 정확한 판단과 빠른 결단만큼 중요한 것은 없다. 그것이 우리들의 성공을 좌우하는 열쇠다.

그런데 "그 누구도 닮지 않아야 성공한다."라고 삶의 불편한 진실은 말하고 있다.

불안하고 앞이 보이지 않는 사업의 시작 앞에서 피 말리는 고민을 하면서 지푸라기라도 잡고 싶어 멘토가 필요하고, 성공한 사람의 옷깃이라도 잡고 싶은데, 이젠 남과 달라야 살아남을 수 있다고 한다.

그대로인 세상은 수억 년을 흘러 우리 앞에 있다. 소멸하고 변하는 건 인간들뿐이다.

스마트의 시대를 일궈낸 오늘을 사는 우리는 오히려 더 멍청하고 바보가 되었다는 느낌이 아이러니하다. 내비게이션이 없으면 주소 하나 찾아가지 못하고 노래방 기계의 자막이 없으면 부를 줄 아는 노래 하나가 없는 지금의 우리가 과연 스마트한가?

원래 똑똑하다는 뜻의 스마트가 컴퓨터가 지배하는 세상으로 의미가 변질되었다. 세상은 그대로인데 기계들이 인간을 대신해서 생각하고 말하고 모든 일을 해내는 세상. 인간은 오히려 바보로 변해 간다.

수명도 마찬가지다. 현재라는 찰나의 순간들이 수많은 흔적을 남기고 과거로 흘러가는데 우리는 지금 어디쯤 떠내려가고 있는 걸까?

평균수명 100세의 시대를 살게 된 우리는 과연 평균수명 50세이던 석기 시대보다 영원을 사는 걸까? 인간 게놈이 완전히 밝혀지고 염색

체 끝에 달린 텔로미어를 조작해서 조만간 인간수명을 120세로 늘린단다. 노화의 원인이라고 밝혀진 텔로미어의 조작으로 조금 더 오랜 시간을 살게 되는 게 과연 진보한 세상일까?

변함없이 그대로인 세상 앞에 일회적인 삶을 살며 지나가는 우리에게 120세든 50세든 무슨 차이가 있을까? 부질없다.

과학은 또 어떤가.

앞으로의 시대는 뇌 공학의 시대가 되리라 한다. 스마트 시대의 마지막 꽃으로 브레인 엔지니어링이 뜨고 있다. 뇌와 컴퓨터 언어가 전기신호가 되고 중간에 통역기만 넣으면 정보교환이 가능하게 되는 기계 인터페이스의 세상이 오리라 한다. 인간이 갈 수 없는 화산지대, 쓰나미 속 원자력 발전기 안에 사람의 지능을 한 로봇을 보내고, 인간의 뇌에 칩을 심어 치매를 치료하며, 마비로 걸을 수 없는 사람을 걷게 만드는 세상이 10년 내에 온단다.

그때쯤이면 예수의 기적이 현실세계를 사는 우리 앞에 도래할 것이다. 하긴 이미 무인 전투기 드론이 이라크에 폭탄을 투하하는 세상이니 그리 엉뚱한 발상은 아니다.

'모르는 게 약'이라는 우리들 부모 시대가 갑자기 그립다.

변함없이 흘러가는 영겁의 세상 앞에서 기계에, 컴퓨터에 능동적으로 변화되지 못해 도태되는 내 삶이 참 하찮다. 사이버 테러로 전쟁이 변질되고 지속적으로 악성코드를 서버에 침투시키는 고정간첩을 잡아야 하는 현실이다. 보이지 않는 인터넷의 가상공간에서 모든 것들이 경계를 넘어서고 있다.

나를 일으켜 세워 걷고 뛰게 할
독한 충고가 그립다

"모르면 불안하고 두렵다. 두려움의 본질은 무지함이다."

뒤통수를 때리며 다가온 말에 온종일 휘둘리고 있다. 제2의 인생의 봄날을 꿈꾸며 열정을 가다듬는 내게 또다시 현실이라는 벽은 불안과 두려움으로 발길을 잡는다.

나이가 들어 누추해지고 싶지 않으려면 적당히 포기해야 한다는 악마의 속삭임 앞에 무기력한 날 일으켜 세울 독한 충고가 필요하다.

적당한 구실로 합리화시키며 뒷걸음치는 나에게 "진정성 있는 솔직함이 아니면 입을 다물라."는 말이 또 비수처럼 가슴에 꽂힌다.

때때로 잠을 설칠 만큼의 불안이 엄습할 때가 있다. 이때 정작 필요한 것은 사탕을 입힌 달콤한 위로가 아니라 정신이 번쩍 들 만큼 독한 충고라는 것을 깨닫는다. 현실의 한계를 받아들여 인정하고 공부하고 지식을 채우는 것만이, 체면을 버리고 바닥에서부터 다시 시작하는 것만이, 새로운 인생을 시작할 수 있다는 현실적 충고. 먹고살 만큼의 경제력은 있지만 심심해서 일을 원한다는 교만이 아니라, 생존을 위한 것이라는 본질을 받아들여야 인생 후반을 잘 살 수 있다. 밥벌이, 브레드위너breadwinner로서 돈을 벌고 일을 해야 젊은이들이 목숨을 걸고 일하는 그곳에서 살아남을 수 있다. 그러니 어떻게든 살아남으라는 게 요즘 나 자신에 대한 독한 충고다. 꿈이니, 성공이니 하는 망상을 버리고 생존하기 위해 일이 필요하다는 것을 인정하고, 체면을 버려야 인생 후반기를 꿈꿀 수 있다.

현대인을 위로하는 수많은 말들과 글들이 범람한다. 인문학이 유행이더니 지금은 힐링의 시대라며 심리학자들이 떠든다. 하지만 어떤 상처인지를 알아야 약을 바르고 상처를 싸맬 것이 아닌가?

마음은 앞서는데 길을 모른다. 망할 체면이 발목을 잡는다.

자기소개서 속의 나는 어찌 그리도 멋있게 포장되어 있는지…. 나는 사기꾼이다. 내가 만든 환상 속 그곳을 헤매느라 차마 구차한 현실 속에서는 아무것도 시작할 수가 없다.

그러다 문득 집어든 책에서 만난 글 한 줄에, 뒤통수를 갈기는 글 한 문장에, 창피하고 위선의 가식에 싸인 나를 대면하는 고통의 시간을 보낸다.

"위로를 구걸하고 다니지 마라. 똑같은 고민을 반복하며 자기연민을 즐기지 마라."

더도 덜도 없이 나를 겨냥한 말이다. 언제까지 위로를 구걸할 건가? 잃어버린 꿈이 그립다고?

젠장, 내게 무슨 잃어버릴 꿈이라는 게 있었던가?

나 스스로를 향해 독설을 날린다.

꿈 깨라! 입을 다물라!

오래전의 케케묵은 박사학위가 새로운 세상과 시대 앞에서 무슨 의미가 있단 말인가. 아무도 상관하지 않는 것. 손바닥만 한 한국의 학위를 붙들고 무슨 자긍심을, 무슨 체면을 찾는가? 그런 체면을 붙들고 새로운 시작 앞에 주눅 들고 있다. 이런 환상을 부수는 일갈.

"Who cares?"

"바닥부터 다시 시작할 용기가 없으면 서 있던 그곳으로 돌아가라."

"나이 들어 일을 원하는 건 젊은 날 살아남기 위해 직업을 일구던 그때보다 더 절실한 생존을 위한 게임이다. 젊음조차 없지 않은가…."

지금의 독한 현실이 말을 한다.

"저 키 큰 백인 헬퍼는 혼자 의자를 다 나르네요. 자리에 앉아서 밥이라도 먹으라고 할까요?"

일요일 어바인 교회에서 만나 골프약속을 하던 우리 중 누군가의 말이었다.

"모르세요? 저분이 우리 교회가 세 들어 있는 이 미국교회의 주인목사세요. 땅값만 해도 수천만 불인 이곳은 저분의 개인 땅 위에 세워진 교회구요."

옆에 앉은 한인목사 사모의 대답에 우린 뒤통수를 맞은 듯 멍했다.

"세상에, 체면도 없이…."

어바인 한복판 금싸라기 땅의 주인이면서 책임목사인 짐은 한인교회가 세 들어 예배를 보는 그 시간에 자신의 교인들을 위한 특별예배를 주관하고 왔다고 했다.

삶에 치여 위로가 필요한 그들에게 젊은 목사는 위로를 구걸하러 다니진 말라고 그들을 꾸짖어 보냈단다. 그의 몰인정한 충고가 누군가에게는 때때로 큰 자극제가 되어 스스로 삶의 의지를 불태우게 된다는 백인교인들의 고백이라는 한인사모의 말이다.

어설픈 위로나 연민의 말이 오히려 독이 된다고 믿는 젊은 목사를 보며, 사기꾼처럼 자신을 속이며 값싼 칭찬을 구걸하러 교회를 찾아온 나에게 문득 그의 독한 설교가 약이 될 거라는 생각을 했다. 눈물이 쏙 빠질 만한 질타를 받고, 자존심이 뭉개지더라도, 비겁하게 스스로를 합리화시키며 위로를 구걸하러 다니는 나를 깨울 독한 충고가 필요했다.

나이가 들어 뒷방늙은이로 남을 건가, 제2의 인생을 살 건가를 고민하는 나와 같은 사람들에겐 어설픈 위로가 아닌 독한 충고만이 다시 한 번 일으켜 세울 수 있으리라는 새로운 깨달음.

그 후 난 골프채를 놓았다. 삶의 전진을 위한 독한 충고를 기다리면서 골프장에서 온종일 시간을 보내는 나는 얼마나 가증스러운가….

무언가 두렵다면
원인은 내 속에 있다

항상 무언가가 두렵다.

행복한 순간조차도 누군가 행복을 시샘해서 빼앗아 갈까 두렵다. 가슴속의 소망을 말할 때 그것은 버릴 수 없는, 그것 없이는 살 수 없는 꿈을 이야기한다.

꿈이 희미해지고 체면 때문에 포기할 때 가슴속 신을 잃어서 불안하고, 희망이 없어진 허무한 삶 때문에 절망한다. 하지만 자세히 들여다보면 그 모든 것이 내 안에 있는 불안의 요체를 모르는 무지함 때문이었는데 원인과 해결을, 위로와 소망을, 밖에서 찾으려 했다는 것을 깨닫는다.

책방의 잡지 스탠드에서 뽑아든 책 한 권을 붙잡고 많은 생각을 했다.

'옴니미디어'라는 회사를 차려 여러 분야의 잡지를 출판하고 자신의 이름을 딴 대규모 주택단지 조성이 성공적으로 이루어지고 있는 마사 스튜어트. 잘 모르는 그녀를 내 앞으로 끌어다 놓은 것은 그녀의 잡지였다.

매번 세련된 구성의 '리빙' 잡지를 살 줄만 알았지 마사가 어찌 그녀의 출판제국을 완성했는지는 생각하지 않았다. 그러나 지금 어둠 속을 헤매는 내게 벤치마킹의 상대로 그녀의 이름이 다가온 것은 내 속의 미래에 대한 불안의 그림자 때문이었다. 자신이 좋아하는 살림이며 정원 가꾸기 등을 바탕으로 세계적인 기업을 일으킨 그녀에 비하면 난 정말 내가 뭘 잘할 수 있는지 가늠도 못하고 있다.

모르면 불안하고 두렵다.

실연의 슬픔을 달랠 길은 사랑밖에 없듯, 미래에 대한 두려움의 그림자를 없앨 방법은 꿈을 다시 붙잡는 것 외에는 방법이 없다.

내 안의 오래된 사고방식과 도전을 포기한 나약한 의지가 내 불안의 요체다.

살아 있으나 죽은 인간으로, 젊은 애들의 무례나 탓하는 늙은이로, 아니면 온갖 몸에 좋다는 음식과 약들을 몸속에 구겨 넣는 건강염려증 환자로 늙을 순 없다는 것이 불안의 바닥이다. 지금 이 나이에 절체절명의 생존방법을 찾길 소망하고 있다.

인간으로 태어난 우리가 아는 유일한 것은 우리들 삶의 운명이 나이와 함께 조만간 끝나리라는 것이다. 젊었을 때의 혈기 방자한 호르몬은 우리의 삶이 영원할 것처럼 길어 보이게 했다. 10대에는 10분의 1만큼, 80대는 80분의 1만큼의 인생만 남았을 뿐이라는 산술적 생각밖에 할 수 없는 우리였다. 젊은 시절의 삶은 영원할 것처럼 길었다. 그런데 나이와 함께 그 시간도 그리 오래지 않을 거라는 생각이 들자 가슴속 신을 찾아야 했다. 꿈의 또 다른 이름으로 있던 그것은 꺼진 불씨로 있는 사랑, 열정이었다.

젊은 시절은 어두운 현실의 안개 속을 헤맬 때라도 희망을 안고 성공을 향해 나아갈 수 있었다. 어디로 가야 할지 아무도 가르쳐 주지 않지만 젊음의 혈기 하나로 족했고, 때로는 철학에, 종교에 길을 묻지만 그들은 더 많은 말들과 혼동의 이념으로 오히려 젊음을 고정화한 틀에 가두기도 했다. 그러다 달이 홀연히 구름 속을 빠져나와 원래의 환한 빛을 비추듯, 우리의 젊음이 본능과 상식에 의존해서 희망을 붙들고 세상으로 나와 설 때 우리는 행복했다.

나이와 함께 젊음이 사그라지고 열망의 발목을 잡는 두려움이 엄습한다.

나를 구원할 또 다른 신을 찾아 여기저기를 헤맨다. 그것이 또다시 사랑이기를, 꿈이길, 열망이길 소망하지만 현실은 늙고 향기 없는 노년의 삶 속으로 인도한다. 그리고 불안만 남는다.

신이 우리 안에 있다는 걸 알 즈음에야 비로소 인생이 말을 한다.

무슨 일이 있어도 용기를 잃지 마라. 원래 인간으로서 우리가 감당하지 못할 만큼의 나쁜 일은 절대로 일어나지 않는다. 만일 무언가 두렵다면 "원인은 내 안에 있다."라는 말로 위로한다.

내 속의 나를 불안하게 하는 그것이 말을 한다.

신을 의식하는 일은 누구나 할 수 있다. 그러나 신을 배워서 아는 것은 불가능하다. 신이 존재하는지 않는지, 육체에 영혼이 있는지 없는지, 그 모든 것은 인간의 지혜로는 알 수 없는 것이다.

－파스칼－

인간의 지혜 너머에 있는 불안의 요체는 벗어날 수 없는 숙명이다. 소망이나 꿈이 무엇인지 의식하는 것은 간단해서 누구나 알 수 있다 지만 신을, 꿈을, 배워서 알 수는 없다. 그러니 두려움과 함께 살 일이다. 불안과 함께 살 일이다. 그것이 당연한 것이다. 이들은 항상 신과 함께 내 안에 산다.

미래에의 불안을 세 끼 양식처럼 먹고사는 요즘이다.

Part 2

C

그래도 희망을
잃지 말 것

행복의 3원칙 :
어떤 일을 할 것, 어떤 사람을 사랑할 것,
어떤 일에 희망을 가질 것.
- 칸트 -

참 묘하다,
헛된 것의 매력

젊은 시절, 세상의 모든 것에 대한 전방위적인 불신과 도전을 가슴에 품고 살았다. 그래야 성공이라는 것을 거머쥘 수 있을 것 같았고 남과의 경쟁에서 지지 않을 것 같았다. 그 모든 것들이 헛되다는 것을 알게 될 즈음 그것 없이는 삶을 이어갈 수 없을 것 같아 부인할 수가 없었다. 실제는 행복하지 않은데 행복한 척해야 했고, 실제는 엉망진창인 삶인데 남들의 입에 괜찮게 오르내리면 좋은 척했다. 성공을 향한 전력질주, 그 모든 헛된 것들.

그것이 주는 텅 빈 매력이 참으로 묘하다.

그것은 마치 지금 내가 신고 있는 하이힐의 더러운 역사만큼이나 묘하다.

잘 씻지 않던 중세의 유럽에서는 흑사병이 창궐하고 시내에 온통 더러운 오물과 쓰레기가 난무했다. 그 더러운 도시를 지나기 위해 하이힐이 필요했다. 전염병을 피하기 위해 신게 된 하이힐. 그 허황된 역사를 숨긴 채 아름다움의 대명사가 된 것. 그 헛된 것에 끌리는 것이 인생의 거짓된 진실에 끌리는 삶과 닮았다. 묘한 매력을 가진 더럽고 추악한, 헛된 것들의 매력.

사랑이 헛된 환상임을 우리는 안다. 그러나 그것을 포기할 수는 없다. 사랑이 외로운 우리를 구원할 거라는 것, 냉혹한 현실 속에서 우리가 기댈 유일한 보루라는 헛된 망상을 가진 그것은 죽음의 묘약처럼 달콤하다.

"사랑이 깊을수록 우리가 겪게 될 고통 또한 커진다. 그러나 고통에서 벗어나고자 사랑을 포기할 수는 없다. 사랑을 버린다면 우리의 영혼은 차가운 돌덩어리와 같다."라는 발타사르 그라시안의 말에 우리를 가두어 놓아두고 사실인 것처럼 믿는다.

헛된 것들은 거짓말처럼 일단 생겨나면 자기만의 생명을 갖고 독자적인 삶을 살아가는 듯하다. 사랑과 성공이 무엇인지 모르지만 그걸 향해 우리는 뛴다. 그것들은 불나비처럼 우리의 목숨을 걸게 하는 강렬한 매력을 갖는다.

"당신의 말 한 마디 몸짓 하나를 어떻게 잊을 수 있나요."라며 다가오는 열정적인 브론스키 백작의 말에 안나 카레니나의 헛된 사랑이 그녀의 모든 것을 걸게 한다. 불륜을 만든다.

잃을 것이 많은 귀족 가문의 유부녀. 의무감으로 사는 남편, 잔소리와 통제에만 능숙한 남편을 버리게 한다. 안나가 사랑이라고 믿었던 헛된 망상의 대가는 너무나 엄청나서 그녀의 삶 전체를 파멸로 이끈다. 비겁한 브론스키도 떠나고, 든든했던 가족도 잃고, 그녀는 목숨도 잃는다. 헛된 사랑의 묘한 매력이 그녀의 삶을 앗아갔다.

톨스토이는 안나의 파멸을 통해 그녀의 불륜을 응징한 게 아니라 비록 헛되고 텅 비었지만, 사랑이라는 것에 목숨을 건 안나를 영원히 우리들 기억에 각인시켰다.

사랑도 가족도 자신도 지키지 못한 채 죽는 안나가, 헛된 것이 주는 텅 빈 것의 매력에 도취하면서도 영악하게 목숨은 부지하는 우리에게, 적당히 사랑하고, 적당히 성공하며, 적당히 살고 있는 우리 모두에게 묻는다.

"삶 속에서 헛된 것이 주는 그 텅 빈 것의 치명적인 이끌림을 아는가?"

이 모든 헛된 것들 속에서 나이가 들어가며 제2의 사춘기 속에서 사랑의 헛되고 텅 빈 매력 속에 가슴앓이를 한다.

가족을 지키고 사회규범에 맞추고 회사라는 조직, 가족과 타인의 기대에 부응하여 살면서 그 대가로 사랑과 경제적 안정이라는 것을 우리는 얻는다. 과연 그것은 진실한 실체였을까? "나는 누구인가?"라는 정체성과 싸우며 지나온 사춘기 이후 지금까지 난 진정 나를 알게 되었을까? 내 정체성은 무엇일까? 아내 또는 남편, 누군가의 자식 또는 부모, 회사의 임원 또는 직원…. 그게 우리일까?

더 나이가 들자 타인의 시선에 집착할 필요성이 덜해지고, 외부세계에서 인정받고 싶은 갈망도 줄어들자 그동안 억눌리고 숨겨왔던 진짜의 내가 수면 위로 떠올랐다. 그러자 모든 것이 텅 빈 껍데기의 삶으로 우리 앞에 있는 듯하다. 그러나 쓸데없고 헛된 사랑이었을망정, 환상에 젖은 성공에의 갈구였을망정, 그 텅 빈 것 속에 녹아 있는 인생이 참으로 묘한 울림으로 다가온다.

중년의 불안, 권태, 변화에 대한 두려움이 청년들의 불확실성 앞의 불안만큼이나 뜨거운 열망을 그리워하게 한다. 온전한 나를 향해 가는 또 다른 성장통이, 이 헛된 것들이 갖는 묘한 매력이다.

파괴적 혁신이란
말 앞에서 난감하다

지금 경제학의 트렌드는 혁신이다. 그러나 파괴적 혁신이다.

그동안의 기업들이 성장하기 위해선 기존 제품이나 서비스의 질을 업그레이드하는 것이 필요했고 그보다 더 나아간 게 효율을 강조하는 혁신이었다.

나의 세대가 그랬다. 언제나 공부든 사업이든 사랑이든 효율성이 있는 것인지가 모든 중요한 결정의 시작이었다. 생산비를 줄이고 자동화 공정으로 재료비와 인건비를 절감하는 신기술의 개발이 효율을 극대화시키듯, 밀당 같은 시간낭비 없이 얼마만한 자격을 갖춘 사람을 만났는가가 결혼의 핵심조건이었다.

그런데 지금 우리는 '파괴적 혁신'을 이야기한다.

누구도 따라 하지 말며 기존의 사고방식을 뒤집고 깨뜨리는 파괴적 발상 위에 세워진 혁신만이 살아남을 길이라고 한다. 이제까지 우리는 모든 가능한 위험을 예상하고 그에 대처하는 기술을 터득해야 했고, 그래야 살아남을 수 있었다.

예상치 못한 위험은 우리들 삶 곳곳에 상존해 있다.

코코넛형 위기, 위험이라는 용어가 우릴 무력하게 만든다. 열대지방에서 코코넛 나무 아래를 지나가다가 때마침 떨어지는 코코넛으로 행인이 다치는 예고 없는 위험, 블랙 스완Black Swan과 같은 위험을 말한다. 지금을 사는 우리에게 요구되는 혁신은 이마저 대비하길 요구한다.

그래서 나온 말이 '파괴적 혁신'이다. 모든 걸 뒤집어 보고 멀쩡하게 보이는 개념이나 관계를 깨뜨려 봐야 하는 것. 모든 사물을 뒤집어 보고, 있는 것을 부정해 보고, 잘 만들어진 것을 파괴해 보는 것에서 길을 찾을 수 있다는 게 파괴적 혁신이론이다.

기존의 멀쩡한 모든 것을 깨버리는 파괴와 거꾸로 생각하고 시도하는 역발상만이 살아남는다고 한다.

미국에서 사회 심리학자들의 한 실험결과가 흥미를 끌었다. 여름 캠프에 참가한 남자아이들을 무작위로 나누어 서로 경쟁하게 하자 자연스럽게 두목 노릇을 하는 알파 리더들이 생겨났다. 그리고 각 그룹 간에는 상대방을 이기기 위해 수많은 근거 없는 편견들과 의혹이 생기고 알파 리더가 되기 위한 분쟁과 싸움이 일어났다. 그중에서 누구도 닮지 않은, 다른 사람과는 다른 사고를 가진, 파괴적 리더십을 가진 알파 리더가 권력을 차지하는 것을 학자들은 목격한다. 그리고 학자들은 남을 이기기 위해선 무슨 수라도 쓰고 싶어 하는 인간의 뇌 속에는 비과학적이고 이기적인 의식이 생태적으로 프로그래밍 되어 있다고 결론을 맺는다. 이곳에서 살아남는 자는 유일하게 누구도 닮지 않은 자, 모두의 생각을 뒤엎는 파괴적 혁신을 주장하는 리더였다는 결론이다.

사랑에서도 우리의 기존 생각을 뛰어넘는 생각들이 범람하고 있다. 옴므 파탈(치명적인 매력으로 상대 여자를 유혹해서 파멸시키는 남자)이나 반대의 팜므 파탈도 마찬가지로 우리의 기존의 사랑에 대한 믿음과 생각을 완전히 배반한다. 그래서 현대적 사랑에는 또 하나의 파괴적 혁신인 '사랑보다 아름다운 유혹'을 위한 원칙들이 있다고 우리를 가르치고 있다.

이것은 첫째, 쾌락과 사랑을 철저히 구분할 것. 둘째, 연애를 공격과 방어라는 전술적 개념으로 접근할 것 등등…. 그것이 옴므 파탈, 팜므 파탈의 치명적인 매력이다. 결국 우리의 순수한 감성을 파괴하는 혁신적이라 느끼는 치명적 매력에, 위험한 줄 알면서도 빠진다.

아직 우리 세대는 일이나 사업에서 파괴적 혁신만이 살아남을 길임을 이해하지만, 사랑이나 인간관계까지 밀고 들어온 파괴적 전략은 받아들이기가 쉽지 않다.

아날로그 시대를 산 우린 그렇다. 지금의 디지털 시대적 사랑을 하는 젊은이들에겐 나의 아날로그적 사랑이 이해하기 힘들고, 나는 그들의 인스턴트적인 사랑을 받아들이기가 쉽지 않다. 한 발은 세상에 한 발은 결혼에 둔 채 언제든 떠날 준비를 하는 요즘의 결혼이 그들의 현실이다.

사회적 변혁의 가장 앞자리에 선 파괴적 혁신이라는 용어 앞에서 현대를 사는 우리들이 고민에 빠져 있다. 어떻게 변화할 것인가, 어떻게 대처할 것인가….

이것은 "인간이 운명의 파도를 타기는 쉽지만 거역하기란 어렵다. 운명을 거역하라. 거꾸로 생각하고 시도하라. 결코 포기하지 말라. 희망을 잃지 말라. 사람은 희망이 있기 때문에 아무리 험한 재난 앞에서라도 포기해서는 안 된다."라는 말을 기억하게 한다.

희망과 절망의 가느다란 경계선 위에 선 우리에게 파괴적 혁신은 쉽지 않다.

그냥 살다가,
문득…

그냥 살다가, 문득 "당신의 말 한 마디 몸짓 하나를 어떻게 잊을 수 있나요."라고 안나에게 속삭이는 열정적인 브론스키의 말을 기억하는 순간이 있다. 강렬한 전류가 흐르듯 온몸의 세포 하나하나가 다시 살아나 사랑을 갈망한다.

그냥 살다가 문득, 수많은 이들 중 한 명이고 싶은가, 유일한 한 명이고 싶은가? 하는 물음과 대면하는 날은 꼬박 밤을 새우며 답을 찾아헤맨다. 뜬눈으로 밤을 새우며 이미 수많은 이들 중 하나가 되어 평범의 길로 들어선 나를 보는 날은 씁쓸함으로 절망한다. 어디에서 다시나를 일으켜 세울 희망을 찾을지, 불쌍한 영혼을 일으키려 애쓰는 나를 본다.

정녕 방법을 몰라 허망함으로 패배감으로 나를 채우는 어느 순간, 문득 또 다른 말들이 나를 위로한다.

창문을 사랑한다는 말은 태양을 사랑한다는 말보다 눈부시지 않
아서 좋다.

- 김현승 시인 -

눈부신 성공과 태양만을 좇아가다 만난 좌절 앞에서 자괴감에 빠져
살던 어느 날, 문득 다가온 한 줄의 위로다.

그래 창문을 사랑한들 어떠랴. 태양보다 눈부시지 않은 그것. 그게
그냥 살다가 만나는 나인 것을.

영웅이라고 일반인들보다 더 용감한 것은 아니다. 다만 5분 더 용
감할 뿐이다.

- 로맹 롤랑 -

맞다.

그냥 살다가, 문득 만나는 이런 진실이 나를 위로한다.

유일한 한 명이 되고자 하는 욕망을 아직도 버리지 못하고 산다. 아직도 누군가의 유일한 사람으로, 목숨을 건 사랑의 유일한 존재이고 싶다. 누구도 흉내 낼 수 없는 유일한 분야에서의 유일한 존재인 성공을 맛보고 싶다. 그저 그런, 수많은 이들 속의 존재감 없는 일로부터 나를 끄집어 내고 싶다. 더 늦기 전에…. 그러려면 다시 무섭게 도전하라고 다그친다.

위기의 순간에 단 5분 더 용감했던 우리들 시대의 영웅들. 왜 나는 아닐까.

"모든 길은 로마로 통한다."던 중세로부터 "모든 길은 구글로 통한다."는 현대의 정보화 시대를 살면서 매일 그냥 사는 것이 일상화가 되었다. 도처에 영웅들이 넘쳐나는데 나는 무엇을 하고 있는가를 묻는다.

오늘 신문의 짧은 타이틀이 그냥 살던 나에게, 문득 무얼 하고 있느냐고 나에게 묻고 있다. 괴로운 질문이다.

유럽 검색시장의 82%가 구글이고 프랑스 정부가 구글의 콘텐츠 사용료 인하를 목표로 협상을 벌였지만 구글의 횡포를 막을 순 없다고 호소한다. 몸집이 커진 구글이 콘텐츠 협상을 요구하는 나라에서 철수하겠다는 으름장으로 군림하고 있다. 그들이 세상의 모든 기업 중 유일한 하나가 되었기에 가능한 일이다.

그냥 살다가, 문득 삶을 둘러싼 모든 의문과 사색, 그리고 내가 발

딛고 있는 벗어날 수 없는 현실과 만나는 날, 그토록 앞선 리더가 되고자 했던 내 노력과 꿈은 어디로 갔는지 공허한 메아리만 가득한 텅 빈 공간과 대면한다.

수많은 인문학 책과 역사 속 철학자들에게 묻던 그 많던 삶의 의문들이 아직도 답을 찾지 못한 채 그곳에 있다.

산이 깊으면 골도 깊기에 힘든 계곡처럼 쉽지 않은 도전의 삶을 택해 운명을 거슬러 올라가기엔 용기가 없어 포기하고 그냥 산다.

사랑이 깊을수록 우리가 겪게 될 고통도 큰 법이다. 그렇다고 고통을 피하기 위해 사랑을 포기해선 안 되는 것이었다. 그러나 나는 고통이 두려워서 사랑을 포기했고, 성공이 바로 눈앞에 있는 줄도 모른 채 한 번만 더하면 됐을지도 모를 도전을 99번째에서 그만두고 성공을 쟁취하지 못한다.

그냥 살다가, 문득 오늘 만난 말이 맞다.

"좌절은 누구에게나 오지만 도전은 모두가 하지는 못한다."

나는 그 모두 중의 하나였을 뿐이다. 수많은 이들 중 유일하길 원하던 나는 지금 단지 수많은 이들 중 하나로 있는 나를 본다.

힘든 일이다. 그냥 살다가, 문득 만나는 나를 보는 것은….

혼돈과 융합의
시대를 살며

젊은 날엔 삶의 불확실성을 없애기 위한 보다 나은 직업을 택하고, 돈을 벌며 안정된 사회로 진입하는 것이 우리들의 목표였다. 확실함이 보장된 직업을 갖기 위해 밤을 새워 공부했고, 마침내 그 노력으로 잡은 일터는 우리에게 안정된 삶을 보장하는 듯했다.

그러나 지금, 울타리 밖의 세상이 변하고 있다. 아니 엄밀히 말하면 세상은 그대로인데 시대의 트렌드가 새로운 패러다임으로 변화되었다는 표현이 옳다.

불안과 불확실성이 상존하는 시대가 된 것이다.

불확실성이 상존하고 끊임없는 변화의 물결을 타야 하는 뉴 노멀 New Normal의 시대다. 당혹스럽다.

21세기를 사는 우리들의 세상엔 수많은 돌출변수들이 속출하고 있고, 서로 다른 가치와 주장들이 충돌을 일으키면서 함께 굴러가고 있다.

한쪽에서는 동성결혼이 옳다 하고 한쪽에서는 인류의 근간인 종족 보존을 위해서라도 동성결혼은 안 된다고 주장한다. 종교적인 이유를 바탕으로 한 반대는 더더욱 편향된 시각으로 갈등을 유발한다. 이것 말고도 수많은 이슈가 충돌하고 있다. 경제민주화가 좋으냐 아니냐, 자유무역이냐 보호관세냐 등 수없이 많은 상반된 갈등들의 충돌이 이어지지만 용케도 우리가 사는 세상은 버그락 버그락 소리를 내며 굴러가고 있다.

예전의 시대에도 이들 갈등은 언제나 존재했다.

그때는 치열한 논쟁과 설득을 통해, 경쟁을 통해 문제를 해결했다. 다수의 의견을 좇아 소수의견은 수면 아래로 들어갔다. 그런데 지금은 그 마이너리티 의견들과 주장이 힘을 받고 '다름'을 인정하고 융합할 줄 알아야 살아남는 시대가 되었다.

과거에 답이 없던 난제들은, 해결할 수 없던 수많은 논쟁과 고민들은, 이제 그 다름 때문에 새로움을 창출하는 변화의 에너지로 우리 앞에 있다. 그 변화의 물결을 타야 성공할 수 있는 시대. 혼돈과 융합의 시대다.

기업도 마찬가지여서 높은 품질의 제품이나 서비스를 낮은 가격에 공급해야 하고, 세계를 상대로 한 글로벌 전략과 골목상권까지를 고려하는 섬세한 로컬 전술을 구사해야 하는 모순된 기업의 목표를 달성해야 살아남는다. 예전엔 고품격의 제품엔 높은 가격을 매기고, 국내시장을 석권한 후에 글로벌한 시장으로의 진입이 정상이었다. 이젠 더 이상 교과서적인 전략이 통하지 않는다. BTS(방탄소년단)라는 한류 보이밴드가 SNS를 통해 세계시장에서 열광을 받는데 정작 손바닥만한 국내에선 조용하기 그지없다.

지금의 뉴 노멀 시대는 서로 상반되고 모순된 전략을 구사해야 살아남는다. 창조성을 확보하면서도 조직력을 강화하라는 경영지침이 새로운 뉴 노멀의 경영방식이다.

조직화와 창의성은 서로 상반되고 융화할 수 없는 것이다. 창의적인 사고를 위해서는 자유를 주어야 하고 구속하지 않아야 한다고 믿는다. 그런데 지금의 뉴 노멀 시대는 이 서로 상반된 것들이 융합된 성공적인 기업들이 만들어지고 그것이 현대기업의 생태계를 만들고 있다.

스피드를 높이면서 안정성을 담보하라. 과감한 개척정신으로 그러나 정교한 운영체계로…. 도대체 일반적인 사고를 가진 우리로서는 도저히 따라갈 수 없는 상반된 능력을 동시에 요구받고 있다. 그래서 매우 혼란스럽다.

한국경제가 나아갈 길을 묻는 질문에 답을 한 글을 읽은 적이 있다. "일본은 집단주의 정신으로 성공했지만 그 집단주의는 개인과 사회를 행복하게 만드는 데는 실패했다. 한국은 지금 집단주의와 개인주의, 조직에의 충성심과 창의성을 동시에 가진 직원들, 하드 워크와 스마트 워크의 균형적 융합이 절대적으로 필요하다. 새로운 뉴 노멀 시대의 한국형 경영은 유목민의 스피드와 농경문화의 붙박이성 끈기가 융합된 것이어야 한다. 칭기즈칸과 공자가 동시에 견인하는 신경영이어야 한다."

어렵고 혼란스럽다.

세계와 경쟁하는 기업들이 사활을 걸고 변화의 패러다임에 적응하려 목숨을 거는 뉴 노멀의 시대. 변화가 일상적인 것이 되고, 불확실성이 보편화된 시대다.

개인의 삶도 이와 다르지 않다.

혼돈과 융합의 시대는 나의 변화를 요구하고 있다. 나와 다른 주장과 가치를 이기려 하지 않고 다름을 인정하면서 그 다름을 시너지로 삼는 것. 그곳에서 우리들 삶을 바꿀 시너지를 얻는다. 서로 상반된 것을 융합할 줄 알아야 새로움을 창출하는 에너지를 얻을 수 있다.

해결할 수 없는 난제에 부딪혔을 때 좌절이나 포기 대신에 그 속에 내재된 상반된 가치를 찾아, 내 창의성을 분출할 에너지로 만들 줄 아는 능력을 요구받고 있는 시대다.

살아봐야
아는 것들이 있다

아무리 힘든 일이 있어도 "그 또한 지나가리라."는 것.

인생의 고비 고비마다 사업이든 공부든 사랑이든, 우리를 죽을 만큼 힘들게 하는 거대한 벽으로 절망들이 가로막은 때라도 "문 없는 벽은 없다."는 것.

우리들이 추구하는 길에서 꽝 하고 닫혀버린 절망 앞에서도 "신은 언제나 한쪽 문을 닫은 대신 다른 쪽 문을 열어놓는다."는 것.

그리고 어느 순간 인생을 살면서 사업이든 공부든 사랑이든 전략의 요체가 무엇을 하지 않을지를 결정해야 하는 것임을 알게 되는 순간이 있다.

살아보지 않으면 알 수 없는 것들이다.

해리포터 영화에서 해리가 빗자루를 타고 런던의 킹스크로스 성의 벽을 뚫고 지나가는 것을 보며 신비한 마술의 세계, 판타지에 빠졌다. 똑같은 것을 보는 지금, 문득 모든 벽 속에 문이 있다는 새로운 깨달음으로 그것을 본다.

살아보니 그랬다.

모든 벽 속에도 문이 있었음을, 절망 속에도 빠져나갈 희망 하나쯤
은 있었다는 것, 그래서 함부로 포기하지 말아야 함을 깨닫는다.

우리의 목표나 꿈과는 달리 현실이 우리를 누추하고 절망하게 만
들고, 사람들 속에 있으면서도 갈라파고스 섬의 거북이처럼 고립되는
고독으로 힘들 때, 자연으로 돌아가고 싶어지는 회귀본능이 우리의
꿈이 되고 있다는 사실들.

살아봐야 아는 것들이다.

사람과 사람이 고립된 섬처럼 외로움으로 몸부림치게 할 때, 자연이 있어 우리가 숨을 쉴 수 있는 것을 본다. 하이킹을 하고, 산을 타고, 바이크를 타면서 홀로 자연 속으로 들어가 그 속의 신을 만나는 것. 그것은 삶을 살아본 사람만이 알 수 있는 것이다. 그 속에 신이 있음을.

그래서 인생이 더할 수 없이 허무하고 벽 앞에 선 듯 답답할 때 우린 잃어버린 신을 찾아 자연 속을 헤맨다. 그 속에서 다시 만나는 삶에 대한 소망과 꿈인 우리들 가슴속의 신을 만나는 행운을 누린다.

아무것도 모르는 자는 아무도 사랑하지 못한다.
아무 일도 하지 않는 자는 아무것도 이해하지 못한다.
아무것도 이해하지 못하는 자는 가치가 없는 사람이다.
그러나 이해할 줄 아는 자는 진정으로 사랑할 줄 알고 사물의 심성을 들을 줄 안다.
한 사물에 대한 지식이 많고 그 뜻을 알수록 사랑은 더 위대해진다.
- 파라셀수스(15세기의 자연학자) -

전엔 이해할 수 없던 이 자연철학자의 말을 지금 비로소 이해한다. 삶을 살아보지 않으면 삶을 이해하지 못한다. 인생에 대한 삶의 지식이 쌓이며 아무것도 알 수 없는 게 인생이라는 자체를 알게 되는 나이가 되자, 비로소 보이지 않던 벽 속의 문이 열리는 것을 본다. 결코 알 수 없던 삶의 의미가, 그 속에서의 사랑과 미움, 도전과 시련, 성공과 실패, 그 모든 것들이 벽 속의 문으로 숨겨져 있음이 비로소 보인다.

셀 수 있다고 모두 중요한 것이 아니라는 것을, 눈으로 보이는 것만이 다가 아니라는 것, 그래서 유능한 경영자는 숫자에 연연하지 않고 그들 숫자 속 함축된 의미에서 우리의 회사가 나아가야 할 적절한 길과 전략을 찾아낸다는 것은, 도전과 실패를 밥 먹듯 하면서 살아봐야 아는 것들이었다.

그래서 지금 많은 시간의 삶을 살아온 우리에게 살아본 후에 알게 된 그것들은 "물 수 없다면 짖지 마라."라고 꾸짖는다.

배짱과 담력으로, 패기를 방패삼아 성공을 향해 돌진하면서 어떤 어려움도 물어뜯을 각오가 되어 있었던 젊은 혈기는 지금 이빨 빠진 삶의 순리 속을 걸어가고 있다. 물 수 없으면 소리 내어 짖지 말아야 한다는 것. 살아봐야 아는 것이었다.

지나긴 시간들 속에서 만났던 고독과 불행, 행운의 기록조차도 지금 가슴속 신을, 꿈을 다시 일으켜 세우지 않으면 쓸모없는 상념일 뿐임을 알게 된다.

지나간 것은 흘러가게 하라….

내가 나에게로 돌아가서 내 속의 꿈을 다시 일으켜 세우지 않으면 사회 속 투명인간으로, 잉여인간으로 전락할 수밖에 없다.

적을수록 많아진다는 디자인철학Less is more, 미니멀리즘이 지금처럼 중요한 때가 없다는 것.

살아봐야 아는 것이었다.

보다 많이, 보다 높이, 소유하고 올라가기 위해 물어뜯을 듯한 기세로 인생을 돌진했는데 지금 삶은 단순할수록 아름답다는 단순함의 미학을 가르친다.

Less is more! 현대사회를 지배하는 애플의 아이폰이 세상에 나왔을 때 그 단순한 아름다움에 세상은 숨을 멎을 듯한 전율을 느꼈다. 패션에서도 우리의 눈을 사로잡는 것은 아무것도 더하지 않은 순백 또는 올 블랙의 가장 단순한 원피스다. 그것이 주는 엘레강스와 품격은 수많은 컬러들의 어떤 조합도 이끌어 낼 수 없는 고고함이다.

단순함의 미학. 적을수록 많아지는 것.

살아봐야 아는 것들이다.

제로섬 게임의
시대를 산다

"행복하다."라고 말하는 것은 낯설다.

표현하지 않으면 알 수 없는 게 사랑이고 행복이라 많이 표현해야한다는 것이 오늘을 살아가는 사람의 통념이다. 그런 의미에서 아이들 아빠는 항상 세 아들과 나에게 "사랑한다.", "널 믿는다."라는 말을 많이 한다. 언제부터 그렇게 변했는지 놀랄 때가 종종 있지만 본래가 좋은 심성이었기에 가능했을 거라고 생각하고 있다. 그에 비하면 난 나이가 들어갈수록 사랑한다거나 행복하다는 말을 하지 못한다. 본질적으로 사랑은 이기적이고, 믿을 수 없이 변하고, 행복 또한 누군가에 비교해서 내가 적게 가지면 별로 행복하지 않음을 알아버렸기 때문이다. 지금을 만족하고 욕심을 버려야 행복할 수 있다고 애들 아빠는 말하지만 아직도 내 속엔 솎아내지 못한 경쟁심이 있기 때문에 쉽지 않은 일이다.

경제성장으로 어떤 사람이 다른 사람보다 더 벌어 가면 전자의 행복이 늘어난 만큼 후자의 행복이 줄어든다. 그런 의미에서 행복은 제로섬 게임이다.

- 에두아르도 포터 -

행복이든 성공을 측정하는 기준이 합리적인 요건에 의한 게 아니라 다른 것과의 비교로 결정되는 상대성이 지배하는 시대를 살고 있다. 열심히 공부하며 살았지만 여전히 서울대가 아니고 더 성공한 수많은 사람들이 날 주눅 들게 하고, 착실히 자기의 길을 다져가는 내 아들들조차 하버드를 나오고 아이비 출신의 아름다운 백인 며느리를 본 내 주변의 누군가와 비교되면 자랑스러움이 반감되는 이 버릴 수 없는 치졸함의 본성. 상대적인 비교가 현대를 살아가는 수단이 되다보니 내 가치의 기준대로 사는 게 아니라 항상 상대적 비교의 가치를 맴도는 제로섬 게임에 지친다.

나의 가치를 분칠한 자기소개서로 평가되길 원하고 있다. 그것은 나보다 나은 스펙에, 성공을 가진 이들 앞에서 루저가 되는 것이 두려운 때문이다.

경제학에서 누군가 가진 만큼 덜 가지게 되는 제로섬 게임이 행복을 저울질하는 데 적용되고 있다. 우리들 삶의 두 축을 이루는 사랑과 죽음조차도 제로섬 게임의 장이 되는 날이 오지 않을까 의구심이 든다.

사랑은 인간의 세상에 새로운 생명을 잉태시켜 태어나게 하는 생성의 과정인 데 비해 죽음은 생명이 퇴장하는 절차다. 삶의 두 축 사이를 살면서 나는 언제쯤이나 다른 것과 비교하여 행복이나 성공의 양이 정해지는 상대성으로부터 자유로울 수 있을까….

어쩌면 '나'라는 존재 자체가 '너'가 있어야 존재 가능한 상대적인 의미인 이상 영원히 비교순환의 고리를 끊지 못하고, 제로섬 게임을 멈출 수 없을 것이다.

소득이 계속 증가하고 돈을 많이 벌면 행복의 양이 많아질까?

어느 정도는 그렇지만 사회학자들의 연구결과를 보면 소득에 비례해서 행복이 무한대로 늘어나진 않는다고 한다. 제로섬 게임 룰이 이곳에도 존재한다.

연봉 7만 5천 불이 넘어가면 소득의 증가는 행복의 양에 그리 큰 영향을 주지 못한다는 연구결과다. 소득증대로 인한 행복은 그래서 상대적이다. 남보다 더 벌어야 행복하고 남이 나보다 부유하면 내가 많이 벌어도 덜 행복하다.

이런 상대적인 가치비교는 삶의 모든 것에 적용된다. 성공적인 사업을 이끌고 있어도 누군가 나보다 더 성공한 사람이 나타나면 불안하고 행복하지 않다. 그것은 욕심의 문제가 아니다. 경제력, 돈, 권력, 사랑 그 모든 것들이 행복의 필요조건은 되지만 충분조건은 아닌 이유와 같다. 상대적 가치가 지배하는 제로섬 게임인 때문일 것이다.

상대성이 지배하는 것이 항상 불행한 것만은 아니다.

사랑의 경우 항상 둘 사이의 행위의 결과에 의해 평가되어진다. 한쪽이 행동을 취하면 상대방이 거기에 응하는 순간 사랑이 성립한다. 권태기의 부부라도 서로에게 반응하는 한 사랑은 있다. 항상 상대방보다 더 많은 사랑을 받길 원하는 우리는 그것이 가진 상대적 비교 때문에 항상 상처를 받는다. 내가 준 만큼 되돌아오지 않는다고 느낄 때, 내 전화가 씹힌다고 생각되는 순간 제로섬 게임의 루저가 되고, 상대적 비교가치를 잃은 쪽은 불행해지고 사랑도 소멸한다.

항상 내가 조금 더 가져야 행복한 건 사랑에서 더 극명해진다. 그 피 말리는 비교가 싫어 사랑으로부터 자유로워지길 원하는 사람들. 수도자가 되고, 절로 들어가서 인간들 사이의 험한 제로섬 게임으로부터 탈피한다.

그런데 불행히도 사랑으로부터 자유로워지는 순간 우리가 소망하는 인간들 행복의 척도인 사랑은 저만치 물러나 있는 아이러니를 본다. 사랑으로부터 자유롭기를 원하면서도 사랑 없이는 살 수 없는 역설이 지배하는 게 우리들의 현실 삶이다. 그래서 제로섬 게임은 우리가 인간인 한 영원히 풀 수 없는 숙제다.

그러니 "사랑해"나 "행복해"라는 소리도 내가 듣는 만큼 주고 싶어진다. 버릴 수 없는 고질병, 상대적 비교 때문이다. 누가 사랑은 무한대라고 했을까? 정해진 사랑의 양 안에서 내가 더 많이 사랑받고 싶은데…. 이건 제로섬 게임이 아닐까?

길을 잃어야
새로운 길을 발견한다

세상에서 가장 활짝 웃던 여자가 사라졌다. 그리고 2년이 흘렀다.

깃털처럼 가벼운 존재로 그만큼의 가벼운 행복을 느끼며 돌아왔다. 길을 잃고 헤맨 그동안 여자는 글을 쓰고 여행을 하고 산사를 헤맸다. 신을 찾아 교회당에도 가고 성당에서 성호를 그으며 기도도 했다. 그러면서 함부로 산 인생에 사과하고 드디어 자신과 화해할 수 있었다.

손에 쥔 것이 많아야 안심이 되고 누군가 옆에 있어야 행복하던 여자는 이제 마음이 이야기할 땐 입을 다물 줄 알게 되었다. 사람이 싫었고 길을 잃은 세상이 싫었다.

사람들의 관계로부터 자유로워지자 자기를 들여다보게 되었다. 도대체 어디서 잃어버린 자기를 찾아야 할지 몰랐다. 길을 잃고 세상의 관계로부터 자유로워지자 자기의 존재 가치를 잃어버리는 두려운 경험을 했다. 사람들과의 관계 속에서만이 존재한다는 것을 깨달을 즈음 새로운 길이 보였다. 체면을 버리고 바닥에서부터 다시 시작해야 하는 자신과의 대면이 깃털처럼 가벼운 전율로 다가왔다.

　　우리가 살아가는 일 속에 파도치는 날 바람 부는 날이 어디 한두
번이랴
　　그런 날은 조용히 닻을 내리고 오늘을 잠시 낮은 곳에 묻어두어야
한다
　　사랑하는 일도 그와 같아서 파도치는 날 바람 부는 날은
　　높은 파도를 타지 말고 낮게, 낮게 밀물져 있어야 한다
　　사랑하는 이여 상처 받지 않는 사랑이 어디 있으랴
　　추운 겨울 다 지내고 꽃 필 차례가 바로 그대 앞에 있다
　　　　　　　　　　　　　－ 김종해, 『그대 앞에 봄이 있다』 －

　상처받지 않는 사랑이 없으며, 실패하고 넘어지며 깨지지 않는 성공이 없다. 그렇게 여자는 높은 파도에 휩쓸려 떠나 낮게, 낮게 밀물져 있었다. 봉사활동을 하고, 모처럼 시험공부에 매달리며 고군분투하는 젊음들 옆을 지키면서 새벽밥을 해 먹이고 도시락을 싸 보내며 낮게 밀물져 있었다. 그러면서 다시 시작하지 않으면 아무것도 얻지 못한다는 간단명료한 진리를 깨달았다. 잃어버린 길 위에서 만난 삶의 지혜들이 그녀를 어루만지고 달랬으며 새로운 시작을 재촉했다. 길모퉁이에서 만난 그녀 앞의 삶이 뒤돌아보지 않고 미련 없이 떠나온 세상으로 등을 떠밀고 있었다.

　사랑하고 잃는 것은 전혀 사랑하지 않은 것보다 낫듯, 꿈을 추구하고 열심히 일하다 망한 것은 전혀 일하지 않은 안전함 속에 있는 것보

다 백 배는 낫다는 것을 알았다.

물귀신처럼 함께 망해야 직성이 풀리는 사람들의 생리에 진저리를
내며 떠났다. 다시는 돌아오지 않으리라 다짐하며 떠났다. 그 많은 돈
과 시간을 들여 만들고 이루어놓은 것 어느 것 하나 손대지 않고 그냥
버리고 맨몸으로 떠나왔다.

누군가의 뒷다리를 잡아 함께 나락으로 떨어지지 않으면 경쟁에서
낙오되는 이상한 세태 속에서 만난 삶의 현장은, 비즈니스의 세계는,
항아리 속 게들을 연상시켰다.

한 마리의 게는 자신의 집게발을 이용해서 쉽게 항아리 속을 빠져
나오지만 여러 마리의 게를 한 항아리에 집어넣으면 한 마리도 빠져
나오지 못하는 것을 보았다.

한 놈이 기어 올라가면 다른 놈이 다리를 물고 늘어져 함께 떨어져
버렸다. 남이 잘되는 것을 도저히 보지 못하는 이기적 심성, 현대의
경쟁은 내가 잘해야 하는 것만이 아니라 남이 나보다 앞서면 지는 세
상으로 변질되었다. 사람 사이의 관계도 힘의 원리만 적용되어 갑이
을의 운명을 좌우하는 갑을관계로 변질되는 참담함을 겪었다. 힘이
없으면 있는 자의 을이 될 수밖에 없는 세상이 적응하기 힘이 들었다.

그렇게 떠난 여자는 잃어버린 길 위에서 봉사활동과 가족 속으로
귀환하면서 새로운 삶의 나침반을 찾았다. 하지만 정북의 방향만을
가리키는 나침반은 그 길 위에 있는 늪과 사막, 협곡들을 알려주진 않
는다. 새로운 길을 향한 방향으로 몸을 돌리면서 여자는 안다.

이제 이 새로운 길은 순교자적 고결과 마키아벨리적 영악함, 순수
함과 영악함이 함께해야 갈 수 있는 길임을. 이런 정반대의 경계를 함

께 어루만지며 포용하면서 갈 때만이 열리는 새로운 길임을 안다.

"링컨은 다중적 인격을 가진 정치천재다. 링컨의 정치는 정
공법과 변칙의 혼합이다. 그 속에는 단호함과 일관성이라는
원동력이 있었다.
    세련된 악역의 참모도 있었다. 버락 오바마는 링컨신화를 영리하
게 활용할 줄 안다."

스필버그의 영화 '링컨'을 본 박보균이라는 평론가의 말이 다시 돌아
오는 여자의 머릿속을 채우고 있다. 길을 잃어야 새로운 길을 찾는다.

Part 2

𝒟
간절하게 바라는
삶의 전환점

MEMENTO MORI! 죽음을 기억하라!
내 인생의 마지막 장면을 그리며,
거기서 다시 시작하길….

그의 도구가 될 수 있어
행복했다

어바인 대학의 유니버시티 센터, 에드워드 시네마에서 한국의 박찬욱 감독이 만든 영화 '스토커'가 상영되고 있었다. 포스터 안의 니콜 키드만을 보면서 그녀의 인터뷰 기사가 생각났다.

"영화를 촬영하면서 너무도 강렬하고 비범한 독백들이 나를 사로잡았다.

내가 낳은 아이가 나를 사랑하지 않는다는 것, 나조차 그 아이를 이해할 수 없다는 것, 그것은 엄마로서 무시무시한 전제였다. 거기서 '넌 누구니?'라고 딸에게 묻고 있는 상황은 정말 흥미로운 다이내믹이었다. 감독의 도구가 될 수 있어서 행복했다. 그는 빽빽한 대사가 아닌 은유적 영상과 면밀하게 계산된 음악을 통해 관객에게 다가갔다. 그 방식은 내게 새로운 충격이었다."

할리우드 제일의 여배우가 표한 최고의 찬사는 "그의 도구가 될 수 있어 행복했다."였다.

지금처럼 많은 생각들로부터 벗어날 수 없을 때 어떻게 해야 머리를 비울 수 있을지 몰랐는데, 니콜 키드만의 고백은 내게 자못 충격이었다.

자꾸만 움츠러드는 부정적인 생각의 감옥에 갇힌 때는 스위치를 끄고 리셋 하는 것 외에는 방법이 없다. 생각의 스위치를 끄고 잠시 머리를 비워야 마음을 현재로 돌릴 수 있다.

나를 괴롭히던 생각들이 조용히 지나가기를 기다리며 걷던 중에 보게 된 여배우의 포스터에서 새로운 생각들의 봇물이 터진다.

멈추려 애쓰던 나의 노력이 얼마나 어리석었는지, 생각을 멈추려할수록 그 소용돌이 속으로 빨려들어 가지 않았던가….

생각의 전원을 끄니 그때 내 앞에 한 여배우의 포스터가 있었고, 그녀의 한 마디에 인생에 대한 새로운 생각의 전원이 켜졌다.

때로는 정말 우리에게 말이 필요하지 않을 때가 있다. 오히려 백 마디의 말보다는 은유적 영상이, 우연한 신문기사 한 줄이, 우연히 듣는 음악 한 곡이, 더욱 우리를 삶의 간절함 속으로 인도할 때가 있다.

유명 여배우의 고백.

"그의 도구가 될 수 있어 행복했다."

뒤통수를 맞은 듯 얼얼하다.

언제나 다른 이들의 성공신화가 곤궁한 우리들의 현실을 압도할 때 우리는 냉소와 몸에 밴 고독으로 단단한 벽을 쌓고 그곳으로 몸을 피

한다. 사실과 사실이 허구처럼 겹겹이 쌓여 만들어진 우리들 삶 속에 허구와 허구가 높은 개연성으로 서로 연결되어 사실로 받아들여지는 소설 속 공상이, 영화가, 우리의 삶을 이끄는 원동력이 되기도 한다. 꿈에 대한 소망이 없으면 살 수 없는 게 우리다. 소망을 끌어안고 사는 한 꺼진 사랑이나 믿음도 다시 살려낼 수 있지만, 희망이 없으면 사랑도 운명도 빛을 잃는다. 그래서 영화나 소설은 허구와 허구를 높은 개연성으로 연결시켜 사실처럼 우리 앞으로 이끌어 낸다. 그곳의 허구는 사실로 존재한다.

우울함의 자유 속에 있으면서도 우린 언제나 자유로운 우울을 꿈꾼다.

운명의 신이 희망이라는 불꽃으로 다시 우리들의 열정을 점화시키길 간구한다.

나이가 들어갈수록 우리의 삶은 메말라 가고, 운명이 어떤 목적으로 우리를 도구삼아 쓰고자했는지 의문만 남는다. 나이가 든다는 것은 이제 조만간 죽게 될 것을 이해하는 거라고 삶은 말한다. 그 속에서 진정으로 행복한 삶의 도구이고 싶어 불면의 밤을 보낸다.

이 여배우처럼 허구와 허구를 연결시켜 사실화하는 영화를 만드는 감독을 보면서 그의 도구가 될 수 있어 행복했다는 말을 할 수 있길 소망한다.

나이 오십에도 천둥번개 같은 짜릿한 사랑이 올 거라는 허구, 새로운 일이 기다릴 거라는 열망으로 짜인 허구를 개연성 높은 사실로 만드는 일은 온전히 우리의 몫이다.

　언제나 우리들 모두를 허망함의 늪으로 빠뜨리는 것은 지금 '여기' 있으면서 언제나 '거기' 있기를 바라는 것으로부터 오는 딜레마다.

　'여기'라는 현실을 압도하는 '거기'라는 신화의 땅.

　거기를 찾아가는 인생의 내비게이션을 원한다. 그래야 성공이든 실패든, 꿈으로 채워졌던 삶의 도구가 될 수 있어 "행복했다"라는 말을 남기고 세상을 떠날 수 있지 않을까….

결정의 어려움을
피하지 말 것

참으로 난감했다.

비즈니스 플랜을 짜놓고 관심 있는 파트너들 중에서 가장 경쟁력 있는 파트너를 선택하기 위해 미팅에 미팅을 거듭하던 나와 소냐였다. 앤도 마음에 들고 그녀의 강력한 크레디트와 소유한 자산들은 커다란 유혹이었다. 전형적인 백인 간호사이며 자연치유학 박사인 쥬디는 회사를 대표하는 자리에 적합했다. 다음 주 우리는 또 다른 후보자인 셸리와 폴라를 만날 것이다. 미팅을 통해 서로를 알아가면서 사업 파트너에도 강한 케미스트리chemistry가 작용하고 있음을 깨달았다. 결혼과 마찬가지로 상대방에 대한 이끌림이 있어야 함께 오랜 시간을 일하고 회사를 키울 수 있겠다는 확신 때문에 조만간 나와 소냐는 어려운 결정의 기로에 설 것임을 안다.

모두가 탐나고 좋은 사람들이고 사업 파트너로서 손색이 없다 해도 우리는 한 명 또는 두 명만 선택해야 한다. 선택은 많은 순간이 기회로 여겨지지만 또 다른 면에서 그것은 책임을 의미한다. 어쩌면 하고자 하는 사업의 운명이 달린 선택일 것이다. 그래서 마냥 즐겁지마는 않다. "100-1=0"이 될 수 있는 게 사업이기에 착한 파트너에 대한 환상은 버리려고 한다. 냉정하고 객관적으로 결정하고 싶다.

아무것도 모르는 자가 아무도 사랑할 수 없듯이 무엇이든 저질러본 사람에게서 나오는 아우라에는 열기가 있다. 지금 소냐에게서 나오는 열정이 그런 것이다. 행동에 적극적인 그녀는 일단 결정이 되면 맹렬하게 앞으로 나아간다. 그녀의 철학은 "물 수 없으면 짖지 마라", "능력이 없다면 입을 다물라"다. 전형적인 실리적 문화에서 자란 그녀에게 누구든 변명은 관계의 끝을 의미한다.

자신의 가격을 올리는 데만 급급한 사람들 속에서 진정한 가치를 가진 사람들을 발견하는 것은 쉽지 않다. 불확실성이 더욱 많아진 기업 운영엔 그래서 경찰특공대 스와트SWAT처럼 투입될 수 있는 위기대처 능력을 갖춘 운영자가 필요하다. 나 또한 그런 자질을 갖추지 않으면 일찌감치 새로운 사업에의 비전을 접을 일이다. 물 수 없다면 짖지 마라! 나에게 절실한 말이다.

결정을 내리기가 쉽지 않다. 선택 가능한 것을 손에 쥐어서가 아니라, 나의 단점을 너무나 잘 알기 때문이다. 과연 내가 물어뜯을 자세가 되었는지, 위기의 시점에 목숨을 걸고 들어갈 준비가 되었는지, 전략적 변곡점을 맞이하면서 죽을 것인가 살아남을 것인가의 기로에 설때 충분한 전략과 용기를 가졌는지 나에게 묻고 있다. 답을 하기가 쉽지 않다.

　삶의 모든 순간이 선택의 순간이고 사업이나 미래를 결정하는 일일 때는 결정의 어려움을 피해선 안 된다. 허울뿐인 체면과 헛된 열망에 사로잡힐 땐 패할 수밖에 없다. 나의 결정이 또 다른 실패를 가져올까 봐 경기가 날 만큼 두렵지만, 파트너를 선택하고 나의 내적 가치를 다시금 정비하며 저지르기를 두려워하지 말아야 한다. 파트너에게 들이대는 잣대를 내게 들이대는 아픈 시간이다.

　물 수 없다면 짖지 말아야 한다는 것을 안다. 기꺼이 위험을 감수할 투지와 용기, 그리고 전략이 없다면 시작하지 말아야 한다.
　갈 것인가 말 것인가, 적응할 것인가 죽을 것인가의 문제를 앞에 두고 두렵고 다리가 후들거린다. 그럼에도 불구하고 결정해야 한다.
　안전함 속에 있을 건가, 위험 속으로 걸어 들어가, 고난을 헤치고 꿈꾸던 그것을 쟁취할 것인가…. 난 과연 자격이 있는가….

삶의 모든 순간에 나를 망설이게 하는 질문. 사업이라고 시작하려니 파트너를 선택하기가 이리도 어려울 줄 몰랐다. 딱 하나만 보려 한다. 변명하지 않을 성품.

합리적 근거로 설득할 수 없을 땐 입을 다물 줄 아는 파트너로 결정하려 한다. 아마도 쥬디가 우리의 새 파트너가 될 것이다. 큰 키에 금발의 쥬디는 그녀만의 카리스마를 가지고 있고 결코 변명 정도는 않을 실무형 파트너다.

> 전략의 요체는 무엇을 하지 않을지를 결정하는 것이다.
>
> – 마이클 포터(미국의 경제학자) –

우리 셋이 머리를 맞대고 일의 방향을 결정할 땐 이 말이 푯대가 될 것이다.

일단 결정을 하고 나면 전략의 요체를 알아야 살아남을 수 있으리라는 건 안다. 셀 수 있다고 모두 중요한 것은 아니라는 점 또한 새길 일이다. 경영이나 사업은 모두가 숫자로 말해진다. 얼마만큼의 돈을 버는지, 숫자로 나타난 대차대조표 앞에서 우리는 또 다른 극단적인 결정의 순간을 맞이할 것임을 안다. 그때조차도 명심해야 할 것은 중요한 것이라고 모두 셀 수 있는 것은 아니라는 사실이다.

기업은 CEO의 고민을 먹고산다는 것을 잊지 말자. 그러므로 100% 확신하는 것처럼 결정하는 것을 두려워 말 일이다.

우리는 결핍을 채워주는
상대에게 끌린다

묘한 케미스트리chemistry였다.

혹인도 백인도 아닌 갈색 피부의 소냐를 처음 만나던 스타벅스에서
첫눈에 난 그녀를 알아봤다. 그녀는 내게 결핍된 언어력, 기획력이 있
음을…. 그리고 동시에 소냐는 자신에게 절실한 아이디어와 사업에
대한 전략적 모색과 추진력이 내게 있음을 알아봤다고 했다. 그렇게
우리는 처음 만나는 순간 서로에게 끌렸고 사업의 핵심적 코어를 이
루는 과정을 이해시키는 데 긴 설명이 필요 없었다.

내가 무엇을 말하든 소냐는 즉시 알아챘고 그것을 행동화하고 문서
화하는 데 탁월한 능력이 있었다. 영국인 백인 아버지와 자메이카 흑
인 어머니 사이에서 태어난 소냐는 아버지 쪽에 훨씬 가까웠다.

그녀의 영국식 액센트 영어 구사는 내가 그렇게도 어려움을 겪던
정부기관의 문턱을 낮추었다. 전화선을 통한 소냐의 문의에 모든 공
무원들이 리턴 콜을 했고 최대한의 정보를 알려왔다. 세상에…, 내가

컨설턴트라는 명목으로 사람을 고용하고, 돈을 썼음에도 제대로 되지 않던 일을 소냐는 내 앞에서 즉각 해결했다. 마치 내가 한국말로 전화를 통해 상대방의 겸손한 대응을 이끌어 내듯 내가 이곳 미국에서 갖지 못한 그것을 소냐가 가지고 있었다.

즉시 우린 서로에게 끌렸다. 어바인 스펙트럼 앞의 최고급 오피스 빌딩에 사무실을 내면서 일에 들어갔다. 콧대 높은 백인들의 고상한 언어의 유희를 담당하는 건 소냐의 몫, 직접 만나 얼굴과 얼굴을 대면하고 딜을 하는 것은 내 몫이었다. 그렇게 우리는 끌렸고 형제처럼 정을 나누었다. 소냐의 자메이칸 엄마는 내 엄마가 되었고 내 아들 경은 소냐 덕택에 부유한 백인병원 호그에서의 인턴생활이 용이해졌다. 뉴포트 비치, 그 부자동네 병원에서 경에게 소냐는 든든한 후광이 되고, 홀로 아시아인으로 감당해야 하는 마이너리티로서의 외로움을 극복할 수 있었다.

결핍을 채워주는 상대에게 끌리는 것은 남녀노소, 인종을 넘어선다.

오래전 내가 남편과 결혼한 것도 아마 이런 결핍의 충족 때문이었을 것이다. 내가 갖지 못한 위험하리만치 무모하고 우직한 밀어붙임이 그 사람에게 있었고, 내 남편에게는 자신의 편향되고 세련되지 못한 투박함을 채울 수 있는 능력이 나에게 있어서 끌렸을 것이다. 그때만 해도 난 일과 결혼한 여자가 되고 싶었다. 그러나 그것이 거짓이라는 걸 나 스스로 너무나 잘 알고 있었다. 항상 결혼할 상대를 찾았지만 내 결핍을 채워줄 만한 사람이 없었다. 결혼해서 느낄 경제적 안정감이 혼자 살면서 느끼는 독립적 삶의 절댓값보다 작아서 그런 내 부족함을 채워줄 상대를 만나는 것이 쉽지 않다는 것이 첫 번째 원인이었다.

요즘은 싱글이 대세인 듯하다. 하물며 "싱글=성공"이라는 등식마저 성립한다.

그러나 난 안다. 결핍을 채워줄 상대를 만나지 못한 안쓰러운 사람들이 넘쳐나고 있음을…. 그래서 혼자 나이 들기에 대한 공포가 커지고 있는 이유일 것이다.

결핍을 채워줄 상대를 만나지 못해 불행한 것은 사랑이든 사업이든 마찬가지다. 그게 인생이다.

조지타운 대학 동네, 그 아름답고 활기 넘치는, 지적인 화려함이 넘치는 그곳에서도 난 체험했었다. 자신의 결핍을 채워줄 상대를 찾아 주말이면 고급 레스토랑과 요트 위의 파티 장을 채우던 주말 밤의 열기를. 몇 발짝만 걸으면 활달하고 매력적인 언어로 세상을 홈친 흑인 대통령 오바마가 있었고 지금은 트럼프가 있는 백악관이 지척이었다. 그렇게 워싱턴 디시에서의 내 추억은 함께 인생을 즐길 사람의 결핍 속에 있었다.

자신이 갖지 못한 것을 가진 사람을 만나면 동성이든 이성이든 강렬한 필이 꽂힌다. 외로운 세상에 결핍을 채워 함께 살고, 사업을 같이 할 수 있는 행운을 누리는 사람은 얼마나 될까?

이들과의 만남은 우리들 삶 전반에 깔린 외로운 고독과 이별하게 한다.

나는 소냐와 만나면서 미국에서의 외로운 문화와 언어의 장벽을 넘어섰다. 남편을 만나면서 세 아이를 낳고 여자가 할 수 있는 가장 숭

고한 장벽을 넘었다. 첫 키스의 순간 우리가 차가운 익명의 세상과 이별하고 외롭지 않듯, 결핍을 채워줄 상대방과의 만남은 우리의 삶을 용기 있게 전진하게 한다. 그것은 더 이상 알지 못한 채 놓여 있던 익명의 세상이 친밀함 속에 길을 열고 있음을 보게 한다.

고독을 세 끼 양식 삼아 버티는 외로운 인생에, 결핍을 채워주는 상대를 만나면 강렬한 화학반응으로 우리는 서로 이끌린다.

소냐의 뜨거운 열정이 델 만큼 끓어오른다. 내가 무슨 말을 하든지 무한의 신뢰로 사람들과의 만남을 주선하고 일을 처리하는 소냐를 보며 나는 더 큰 책임감으로 냉정함을 잃지 않으려 노력한다.

창업가가 회사를 크게 키우려면 지나친 낙관이나 열정에 의존해서 쉽게 내리는 결정을 경계해야 한다. 수많은 선택의 기로에서 미래의 청사진을 그리고 결정해야 한다.

- 노암 와서만 -

나는 이 경제학자의 준엄한 경고를 잊지 않으려 전력을 다해 노력하고 있다. 그것이 서로의 결핍을 채워주는 사람에게 끌려 사업파트너가 되길 갈망하는 상대방에 대한 배려이기 때문이다.

낙원은 매력적이지만
재미없다

노동이 수행이라는 생각으로 십여 년을 모하비 사막 한복판에 한국
식 사찰을 지으며 보낸 무행 스님(미국명 에릭)의 책을 어바인 캐티 도서
관에서 집어 들면서 정신이 팔려 두 권을 삽시간에 읽어버렸다. 그리
고 그게 화근이 되었다.

며칠을 책에서 그가 고민하며 답을 찾으려 애쓰던 의문, '삶이 무엇
인가?'라는 생각이 내게 옮겨 붙어 잠마저 설치고 있다.

그것을 생각할 때마다 언제나 달을 가리는 구름처럼 마음을 가린
불확실성 때문에 답답했다. 그래서 삶의 의미를 조금이라도 찾길 갈
망하는 사람들이 종교, 요가, 선, 오체투지 등에 몰입하는지 모른다.

이 무행 스님의 가족사가 내 마음의 간극을 건드렸다. 변호사 아버
지와 부유한 가문의 외동딸로 산 어머니를 둔 그는 어릴 적부터 부자동
네에서 사람들과의 접촉을 별로 하지 않은 채 살았다. 낙원에 고립되어
키워진 스님과 그 여동생. 그보다 더 먼저 부유한 집의 외동딸로 세상

적인 물질의 궁핍이 무엇인지, 사람들과 부대끼며 갈등을 배우며 크지 못한 고립된 낙원의 딸이었던 스님의 엄마. 그녀는 우울증으로 정신병원에 입원을 하고 결국은 자살한다. 그리고 요가에 빠진 여동생도 삶의 무의미를 깨닫고 자살을 한다. 예일대를 간 그는 선의 세계를 찾아 한국까지 가고, 스님이 된다. 모두가 내게는 외로운 낙원의 천사들이 지상에 떨어져 적응하지 못한 불쌍한 존재처럼 다가왔다.

이곳 미국의 바닷가 부자동네에 와서 살면서 내가 경험한 것은 인간 스스로 돈으로 쌓은 고립된 섬처럼 적막한 삶이 이곳에 있었고, 천국 같은 아름다움이 자칫 시끄럽고 더러운 지옥보다 낫지 않다는 것.

사람에 치이고 너무 많은 관계에 숨이 막힌 한국이었는데, 이곳의 부자동네는 본인들을 스스로 고립시키고 아랫동네 사람들과의 부적응을 초래하고 있었다. 부부 둘이 살면서 끝이 보이지 않는 저택에, 게스트하우스에 사는 집사 외에는 사람과 접촉이 별로 없는 부자들. 그들은 일찍이 세상의 모두가 원하는 부를 얻었고 바닷가의 고급 주택지역에 들어가 살면서 사바세계의 번잡함, 지저분함과 담을 쌓고 살며 자식들을 키운다.

비슷한 부류들이 가는 소규모 사립학교에 보내지고 담장 밖의 세상이 얼마나 혼탁한지 그들은 모른다. 그래서 그것에 적응할 줄도 모른다.

무행 스님의 여동생이 그랬다. 그리고 마침내 세상 밖의 대학으로 나와 기숙사에 있으면서 마약에 빠지고 폭식증에 걸린 이유를 이해한다. 내가 경험한 이곳의 부자들은 일반인이 상상하기 어려운 삶을 살고 있었다. 자가용 비행기를 타고 이동을 하고 적막강산인 성처럼 큰 집에 살면서 오히려 하루 세 끼를 꼬박 챙기는 나보다 덜 먹는 그들이었다.

생계에 대한 고민이 없는 이들의 세상을 우린 낙원이라 부르지만, 그들의 삶을 들여다본 이후로 난 지저분하고 아둥바둥하는 사바세계에 머무는 게 낫다는 결론을 내렸다.

그것은 낙원이 아니라 지독하게 외로운, 사람이 만든, 스스로 가진 돈으로 만든, 재앙의 고독한 연옥이었다. 비록 삶에 찌든 가난한 이의 자식으로 키워진 내 느낌 탓이 크겠지만….

사랑이 가장 아름다운 때는 절실한 그리움으로, 가슴이 타들어 가는 뜨거움으로 가슴앓이를 할 때다. 우리가 갈망하는 성공의 정점에 서 있는 이들은 아름다운 저택과 요트, 집사들의 시중을 받는 삶이지만 정말 행복해 보이진 않았다. 오히려 사람들의 세상으로부터 고립되어 자식을 키우는 것은 재앙일 수 있음을 느끼게도 했다.

쾌락만 있을 것 같은 곳에 진정한 쾌락이 없음을 라스베이거스에 가서 3, 4일 벨라지오 호텔에 머물 때 알았다. 모하비 사막을 달려 멀리서 보이는 휘황찬란한 불빛에서 느끼는 쾌락은 오직 모처럼 찾아온 때, 그 하루만이었다.

그곳에서 사는 연옥의 사람들은 쾌락의 도시에 취하는 게 아니라, 삶이 찌들고, 많은 이들이 카지노에 모든 돈을 탕진하고 마약에 찌든 불행의 지옥을 헤매고 있었다. 셀린 디옹이 살고 있는 시저스 호텔은 사람의 온기가 없는 재미없는 천국 같았다.

힘들고 고단해도 틈틈이 찾아오는 휴식 속에서 진정한 행복을 느끼듯 지옥같이 살벌한 세상에 부딪히면서 살다 어쩌다 한 번 들러보는 낙원 같은 아름다운 집에 우리의 꿈을 묻고 그대로 사는 편이 낫다는 것을 알았다.

그래서 낙원은 매력적이지만 지루했고, 행복하지 않았다.

우리들 세상에서 그냥 이렇게 부대끼며 살면서 낙원은 탐하지 않는 게 낫다. 부자연스러운 낙원은 우리들 몫이 아니다. 사랑이 갖고 싶으나 쉽게 가져지지 않을 때 우리를 달뜨게 하듯 낙원도 넘보지 않는 게 자연스럽다.

"개똥밭에 굴러도 이승이 낫다." 내 어머니의 말이다.

죽어 천국에 가느니 차라리 힘든 이승에 남겠다는 것을 이미 우리들보다 먼저 삶을 산 분들은 알고 있었다. 그것을 난 지금 알았다.

낙원에 살아보지 않은 루저의 푸념인가?

악인이 악인답지 않을 때
유죄이자 무죄

'7번방의 선물'이라는 한국영화를 인터넷으로 보면서 내내 불편한 진실이 나의 심기를 건드렸다. 나쁜 놈들이 안 나쁜 놈을 돕고, 조금 더 나쁜 놈이 조금 덜 나쁜 놈과 섞여 있는 그곳에서 우리가 살아가는 세상을 보았다.

결혼과 더 나쁜 결혼 사이, 착한 것이 더 이상 좋기만 한 것이 아닌 현대는 분명 우리들 관념과 철학의 경계를 허문다. 행복한 사람은 모두 비슷비슷한데 불행한 사람들의 인생은 모두 서로 다르게 불행한 이유는 무얼까?

마키아벨리즘이 새로운 정치학 이론으로 재조명 되고 있다. 리더는, 군주는, 영악하고 교활할 줄도 알아야 한다는 게 그의 지론이다. 능숙하게 가면을 쓰고 뻔뻔할 줄 알아야 백성을 지키는 군주가 되고, 직원들의 생계를 책임지는 회사의 사장이 될 수 있다는 현실. 그것은 악인이 악인답지 않을 때, 유죄지만 무죄인 불편한 진실을 우리들 속으로 끌어들인다.

　뻔뻔하고 영악한 인간은 선한 인간과는 거리가 멀다. 하물며 리더의 자리에 삼국지의 조조 같은 인물이 적합하다고 하는 역설적인 진실. 여우처럼 교활하라고 가르치는 마키아벨리의 군주론 등이 우리가 대면해야 하는 불편한 진실이다.

　첫사랑의 상대를 너무 늦게, 결혼 후에 만나 사랑에 빠졌다면 그것은 불륜일까 아니면 첫사랑일까? 표현은 과연 침묵보다 아름다울까?

　이들 모두가 상황에 따른 변화로 가짜가 진실을 호도하여 더욱 진실처럼 다가오는 게 현실이다. 성공만으로 충분하지 않고 다른 사람이 실패해야 하는 극단적인 경쟁주의의 시대를 사는 우리에게 악인이 악인답지 않을 땐 유죄이면서 무죄라는 면죄부의 심증을 준다.

리더는 선하기만 해서는 안 되고 기꺼이 악인이 될 수 있어야 자기의 사람을 지킬 수 있다. 우리는 그것을 전술적 속임수나 전략적 책략의 하나로 몸에 익히길 강권하는 시대를 살고 있다. 정직한 전략으로 실패했다고 말한다면 그는 무죄지만 유죄인 시대다. 착한 전략으로 수많은 사람의 직장을 잃게 한다면 그보다 더 나쁜 죄악은 없다. 교활한 술책을 사용하기도 하고 중지할 줄도 알아야 하는 게 현대의 성공적인 리더의 태도다. 악하지만 선한 것. 유죄지만 무죄인 것. 나이가들면서 그것을 알아챘다. 인생의 공학적 원리였다.

수는 실패자들의 계곡인 실리콘 밸리에서 왔다.

100개의 벤처 중 오직 한 개만 살아남는 그곳은 실패자들의 피눈물이 흐르는 계곡이지만 포기하고 주저앉지 않는 한 실수일 뿐인 게 실리콘 밸리의 문화라고 전했다. 시스코의 마케팅팀장으로 일했던 그녀에게서 실패자들의 계곡을 넘어, 사선을 넘어온 용사의 냄새가 났다. 전략이 없는 선한 플랜은 죄악이라고 일갈했다.

우리의 사업계획은 너무 투명해서, 금방 끝이 다 보이는 이것을 들고 벤처 캐피털을 찾아간다면 백전백패라는 말로 나와 소냐의 기를 죽였다.

악한 계략으로, 악하지 않은 M&A 방법을 통해 남의 것을 끌어안는데 이골이 난 실리콘 밸리의 세계에 간다면 우리의 투명하고 정직한 사업계획은 자칫 피 같은 투자자들의 돈을 길거리에 뿌리는 죄악이 될 수 있다고 했다. 우리의 플랜에 투자한 회사들의 돈을 허무하게 잠

식할 수 있는 이 천진난만한 계획을 갖고 살아남을 수 있겠느냐며 쓴 소리를 했다. 남의 돈을 잃게 하는 것은 죄다. 어떻게 해서든 자기의 플랜에 동참한 순순한 의도의 투자자를 보호하는 게 선함이다. 수의 철학이다.

다시 한 번 착하고 정직한 사업플랜은 죄악이라는 속이 버걱거리는 소릴 들었다. 일찍부터 악을 선처럼 포장하고 전략적으로 이용해서 사업이라는 게임에 이기도록 훈련된 남자들 속에서 덜 때 묻은 여자들의 착한 계획서가 초래할 죄의 대가를 치르게 될 것이라 했다.

여자라고 봐주길 원한다면 착각이다. 착해야 한다는 어리석은 환상을 깨라고 수는 우리들의 순진한 계획에 일격을 가했다. 우리들의 착한 전략이 누군가의 돈을 잃게 만드는 죄악이라고 일갈했다.

"꿈 깨라. 당신들이 상대해야 하는 사람들은 유죄를 무죄로 만들어 영웅이 되길 원하는 전략에 잘 훈련된 사람들이다."

샌프란시스코에 대기한 막강한 로펌들의 변호사 군단. 그들을 왜 피 냄새를 쫓는 상어라는 별명으로 부르는지 기억하라는 매몰찬 조언.

냉혹하지만 그것이 현실이다. 불편하지만 그것이 진실이다. 착해서 남에게 씻지 못할 피해를 주었다면 그것은 죄악이다. 무죄지만 유죄다.

수의 질책이 우리의 미팅 마지막을 침묵 속에 빠뜨렸다. 착한 것에 대한 위로를 구걸하지 마라. 꿈을 깨라. 실패는 실패다. 그렇게 우리의 계획은 시작도 못해 보고 꿈을 접었다.

돈을 벌어야 승자가 되는 팔로알토의 실리콘 밸리에서 우린 악하지만 무죄가 될 수 있는 능력이 없음을 시인했다.

　함부로 투자자를 모으는 데 착한 전략을 들고 나가지 마라.

　사람이 먼저라고? 선한 게 먼저라고? 집으로 돌아가라.

　다시는 사업의 세상으로 나오지 말라. 직장으로 돌아가라. 꼬박꼬박 나오는 월급으로 살고 다시는 벤처 근처에 오지 말라.

　수의 뼈아픈 충고였다.

희망과 절망의
가느다란 경계선 위에 서다

회의를 더해 갈수록 우리들 플랜에 대한 희망보다는 절망이 포기 쪽으로 몰아갔다.

부정적인 기대치들이 현실이라는 이름으로 희망을 밟고 일어서고 있다. phase1, 2로 나누어진 사업계획에 끊임없이 쥬디는 부정적이다.

그녀의 말이 맞다. 현실에 바탕을 둔 객관적 근거를 가진 말이다. 어려운 걸 안다. 그녀의 분석에 이의를 제기할 객관적 수치가 없어서 그동안 희망을 갖고 추진해 온 나와 소냐의 계획이 절망의 경계선에 섰다. 그러나 많은 순간 숫자로 말해지지 않는 게 있음을 쥬디는 인정하지 않는다.

숫자를 근거로 한 시장조사를 뒤집을 방법이 나와 소냐에게는 없다. 그러나 적어도 우리는 믿고 싶다. 숫자가 다가 아닌 게 성공임을.

"산이 높으면 골이 깊고, 모난 돌이 정을 맞는다."는 한국 속담을 어렵게 번역해서 쥬디의 매몰찬 역공에 마음을 다친 소냐의 마음을 가라앉히려 노력하자, 소녀가 내 손을 잡았다. 아무 소리 없이 큰 눈망울을 굴리며 "It's ok." 사인을 보낸다. 순간 희망과 절망의 가느다란 경계선 위에서 위태롭던 내가 평온을 찾았다.

평소 파트너 수를 늘리는 것에 반대를 하던 소녀의 의도를 이해하는 순간이었다. 결정권을 가진 권력은 나누는 게 아니라는 그녀의 농담이 폐부를 찔렀다. 책임 없는, 대안이 없는 아부나 비판은 쉽다.

사업을 시작하기도 전에 파트너가 되길 원하는 많은 사람들의 부정적인 견해에 절망의 나락으로 떨어지기 직전에 아슬아슬한 줄타기를 하고 있다. 무모한 낙관주의도 문제지만 대안 없이 떠드는 절망적 주장은 한순간에 우리의 꿈을 나락으로 떠다민다. 아슬아슬한 희망과 절망 사이의 줄타기는 롤러코스터와 같은 감정의 기복을 안겼다.

현대기업이 살아남으려면 파괴적 혁신이 필요하다는 경제학자의 말을 인용해서 쥬디의 부정적 해석을 막았다. 그러나 내 속에 잠재해 있던 불안의 요소를 그녀가 정확히 지적했기에 그것을 무시할 수 없었다. 그래서 일의 시작을 앞두고 감정의 경계선 위에서 위험한 줄타기를 하고 있다. 그만둘 건가, 앞으로 나아갈 건가….

하지만 이 말은 어떤가.

"운명의 파도를 타고 그냥 삶을 이어가기는 쉽지만 운명을 거역해서 거꾸로 가기란 쉽지 않다. 그럼에도 불구하고 희망을 잃지 말라. 희망 없인 위험이 도사린 도전을 받아들일 수 없다. 그냥 사는 대로 살지 않고 싶다면….

사람은 희망이라는 우물이 있어서 넘어져도 다시 일어나는 것이
다. 혁신은 희망을 가슴에 품은 자들의 전리품이다."

사랑이 깊을수록 겪게 될 고통도 크듯 성공을 품은 일들의 계획은
항상 우리를 희망과 절망의 경계 위에 세운다. 어느 쪽을 택할지는 각
자의 선택이다.

나비의 작은 날갯짓이 언젠가는 지구 반대편에 폭풍우를 일으킨다
는 나비효과를 믿자.

우리의 위험을 무릅쓴 보잘것없는 작은 용기가 언젠가는 폭풍우 같
은 성취를 가져올 것임을 믿자. 70퍼센트의 확신만 있다면 95퍼센트
의 성공 가능성을 두고 실행에 옮겨야 한다. 리더의 우유부단은 기업
이든 가정이든 극약이다. 셰익스피어의 비극 햄릿보다 더 처절한 실
패다. 설혹 쥬디의 부정적인 근거대로 실패한다 한들, 다시 도전하는
한 그것은 실수일 뿐이다.

우리의 미팅은 다시 한 번 나와 소냐를 희망과 절망의 경계 선 위에
세웠다.

행복이란 넘치는 것과 부족한 것의 중간쯤에 있는 조그만 역이다.
사람들은 너무 빨리 지나치기 때문에 이 작은 역을 보지 못하고 지
나친다.

－폴록－

　사업의 성공도 어쩌면 우리가 보지 못하고, 아니면 미리 겁먹고 지나치는 작은 역일지 모른다. 성공의 습관은 우리 속의 열정을 발견하는 것, 문제가 아닌 해결책을 발견하는 것이다.

　끊임없이 현실적인 어려움의 증거들을 들이밀면 할 말이 없다.

　자유롭고 개방적이며 즐겁고 포용력이 강한 게 행복한 사람들의 특징이듯 성공한 사람들도 이와 다르지 않다.

　현실적인 증거를 앞세운 절망은 강렬하게 우리의 열정을 억누르고, 무례하게 우리의 꿈을 죽인다. 난 그것을 오늘 쥬디에게서 본다. 희망과 절망의 경계선 위에 선 나를 흔든다.

　그러나 신체의 모든 구멍에 튜브를 꽂고 죽어가는 노인도 호스피스 간호사가 손을 잡아주면 다시 한 번 얼굴을 펴듯, 내 손을 가만히 쥐는 소녀의 눈이 위로를 보낸다. 절망으로 떨어지지는 나를 붙잡는다.

자유로워지면
잘 보이지 않는 것

 사랑에 대한 이야기가 홍수를 이루는 오늘날 우리 모두는 사랑하는 자유를 얻었지만 정작 사랑으로부터는 멀어졌다. 사랑에 대한 자유가 사랑을 황폐하게 하는 아이러니.

 나는 누구인가를 묻는 우리에게 많은 철학자들과 인문학으로 얻어지는 세상의 지식들로 인해 자기정체성의 문제는 어느 정도 해결되었지만, 4차 산업혁명 속 스마트 기기의 홍수 속에 사는 현대는 내 속에 갇혀 나만 생각하는 이기적 자기중심주의에 빠지게 되는 사회다. 타인과 상호교감을 하기가 더욱 어려워졌다. 기계와의 소통에 더 익숙하다 보니 우리들 본연의 생각, 사유라는 개념이 화석처럼 굳어버렸다. 의도적으로 자유를 찾고 사랑이나 죽음을 생각하지 않으면 안 되는 세상이 되었다.

 죽음은 언제나 우리를 공포에 떨게 하지만 두려움을 이기고 자유로워진 사람들은 죽음을 그저 삶의 방식이 또 다른 형태로 이동하는 것이라고 믿는다. 죽음의 공포와 불안으로부터 자유로워졌다고 완전한 행복은 아닌 것 같다.

원래 행복이란 어느 정도의 불행이 있어야 그것의 가치가 있는 것 아닐까? 어둠이 있어야 빛이 가치가 있듯….

미의 대명사인 모나리자의 미소. 그것을 그린 레오나르도 다빈치가 사시여서 모나리자의 미소가 오묘하다는 설도 있지만, 아무리 봐도 그녀는 고대든 현대든 완벽한 미녀의 얼굴을 하고 있진 않다. 그럼에도 불구하고 아름다움의 대명사로 시간을 초월한 인정을 받는 이유는 그녀의 얼굴에 인류가 추구하는 변하지 않는 보편적 가치가 담겨 있기 때문이란다. 활짝 웃는 완전한 미소가 아니라 슬픔이 교차하는 불완전한 미소. 그것은 인간이 누리는 행복이란 긍정과 부정의 모순된 생각들이 적절한 균형을 이룰 때를 말하는 것이다.

너도 나도 사랑의 자유를 부르짖으며 자유연애, 자유결혼이 시대의 중심에 섰다. 그런데 그 자유 속에서 사랑은 황폐한 몰골로 너덜거린다. 물질적 가치로, 사회적 지위로 대변되는 사랑의 무게들. 쉽게 싫증을 내고 권태를 느낀다. 한때는 목숨 걸고 사랑했던 사람들도 권태기를 겪는다. 그 속에 사랑은 없는 걸까? 아니라고 믿고 싶다.

새로운 옷을 입고 사랑은 자유 속에 서 있다. 행복이라는 것이 불행이라는 어둠 속에서 새로운 의미로 다가오듯, 변함없는 의미로 시대의 강을 흘러가듯 사랑도 마찬가지다.

사랑이란 끊임없는 행위의 결과라는 누군가의 말이 옳다.

자유로워지면서 본래의 뜨거운 사랑은 잃었을지언정, 황폐하고, 물질적인 가치로 재단되어지고, 내가 처한 환경이 변하면서 원래의 사랑도 변화를 겪지만 그 속에서도 변한 내 물음에 기꺼이 답하는 상대가 있는 한 사랑은 성립한다. 그것을 자유라는 이름으로 간과하고 산다. 사랑은 없다고 직언적 결론을 내리고 자신을 고독 속에 가두고 자물쇠를 채운다.

나는 누구인가를 고민하는 자기정체성에 대한 고민도 스스로를 가두고 홀로 외로우면 다른 모습으로 있는 자신을 발견할 수 없다. 언제나 타인을 통해서 확인할 수 있는 나라는 존재. 자유라는 이름으로 자기중심적 이기주의 속에 매몰된 자기를 꺼내 타인 앞에 세울 때 우린 내가 누군지 알 수 있다.

삶이 자유이듯이 죽음도 자유가 된 세상. 그 속에서 우린 진정한 의미의 죽음을 모른다. 삶 속에 있어야 죽음을 알 수 있다. 그래서 죽음의 두려움을 극복하자고 애쓰는 일이 무의미할 수 있다. 자유롭게 자신을 놓아줄 때 비로소 죽음에 대한 두려움을 극복한다. 수시로 질병과 죽음에 대한 두려움이 엄습할 때, 그것이 나이가 들고 삶에 대한 자신감이 없어진 때인 것을…. 두려움 속의 자신을 놓아주는 자유 속에 그것들도 자유롭게 달아난다.

어떤 가치든 모나리자의 미소처럼 87%의 긍정적인 느낌과 13%의 부정적인 감정이 섞여야 시대를 초월하는 보편적 가치가 되고, 끝없는 자유 앞에서도 빛이 바래지 않는 가치를 갖는다. 나이가 들어가면서도 적당한 우울감과 함께할 수 있어야 보편적 즐거움을 간직할 수 있다는 것을 간과하고 있다. 너무 많은 자유가 준 부작용이다.

끝없는 자유를 탐닉하면서 사랑으로부터 멀어지고, 자기정체성을 잃어버린다. 그리고 행복하지 않다. 본질을 간과했기 때문이다.

권태기 부부에게도 사랑은 있고, 타인 앞에 나를 세울 때 자기존재에 대한 실존적 물음에 답을 찾을 수 있다. 죽음에 대한 두려움도 삶의 자유 속에 함께 있을 때 가치를 갖고 소멸한다.

어둠이 있어야 빛이 있다는 걸 잊는다. 밝음만, 성공만 추구하다 그것을 가치 있게 밝히는 어둠의 존재를, 우울함의 존재를 잊었다. 온갖 복잡한 현실로부터 머리를 비우는 자유시간을 갖자 문득 그 자유 속에 이런 본연의 사랑이 보이고, 내가 보이고, 죽음에 대한 두려움이 사라짐을 느낀다.

자유가 인간이 추구하는 변하지 않는 보편적 가치를 황폐화시키는 것을 경계한다.

내 말에 반응하는 상대가 있는 한 사랑은 있고, 타인과 상호교감하지 않는 자아는 존재할 수 없으며, 어둠이 없는 빛은 없다. 이 둘의 적절한 균형 속에 우리의 행복이 있다. 자유에의 적절한 통제가 필요한 이유다.

Part 2

E

알고 있던 익숙한
세계와 작별하기

평온한 바다는 결코
유능한 뱃사람을 만들지 못한다.
-영국 속담-

사랑, 꿈,
성공, 행복

생각만으로도 가슴을 달뜨게 하는 것들이다.

어두운 인생길을 밝히는 북극성이다. 이것들을 바라보며 인생이라는 불확실한 길을 걸어가는 우리들. 손에 잡히지는 않아도 삶의 지향점이 되어주는 이것들을 향해 뚜벅뚜벅 걸어갈 용기를 준다. 그것에 대한 희망으로 삶을 산다.

기다리고 갈망하는 것들이다.

살아보니, 가져보니, 아무것도 아니면서 인생의 전부인 이것들.

꼭 올 것을 믿지만 매 순간 아직 오지 않은 것들. 그래서 기다리며 살 수밖에 없는 것.

그것에 대한 희망 때문에 삶을 포기할 수 없는 것들이다. 기다려도 오지 않을 땐 시름시름 병을 앓는다.

구름에 가린 우리들 인생의 좌표. 경쟁과 능력 우선주의에서 뒤로 밀리면 삶의 북극성이던 사랑도, 꿈도 자취를 감춘다.

힐링이 필요한 시대를 살면서, 다시금 우리를 이끌 북극성을 어디서 찾아야 할지 막막할 때 어바인 호숫가의 요가클럽에서 흘리는 땀방울 속에서, "나마스테"라고 조용히 내뱉는 마지막 인사에서 문득 힐링을 경험한다. 그 힐링 위에 다시 빛나는 인생의 북극성을 본다.

일요일 한순간, 종교를 사이에 두고 인간들이 신에게 묻는 근본적인 삶의 문제들에 대한 질문은 계속되지만 질문에 대한 답은 어디에도 없다. 목사의 기도에도 설교에도 삶의 지표를 찾을 수 없다. 그러다 문득 바랑카 성당에서 봉헌송을 올리는 잭 브라워 박사의 희미한 미소 속에서 평안한 나마스테의 인사를 경험한다. 교회 속 찬송가에서 티베트의 언어인 나마스테를 듣는 이상한 경험.

사랑, 꿈, 성공, 행복도 이런 것일 것이다. 우연한 바람소리 속에서, 스쳐 지나가는 미소가 아름다운 낯모르는 사람의 향기에서 느끼는 소유되지 않은 짧으나 평안한 느낌. 그래서 우리들의 소망은 영원한 강물처럼 흐르고 흐르며 계속될 것이다. 아무도 답을 줄 수 없는 인생의 좌표인 이것들은 지금처럼 답이 없는 꿈으로, 신앙으로, 남을 것이다.

빗물처럼 쏟아지는 요가 속 땀방울에서, 조용히 기도하며 내뱉는 나마스테의 시간, 멈춘 시간이 주는 깨달음이다.

고비에서는 고비를 넘어야 한다.
뼈를 넘고 돌을 넘고 모래를 넘고 고개 드는 두려움을 넘어야 한다.
고비에서는 고요를 넘어야 한다.
땅의 고요 하늘의 고요 지평선의 고요를 넘어
텅 빈 말대가리가 내뿜는 고요를 넘어야 한다.

(중략)

사막에서 펼치는 지도란 때로 모래가 흐르는 텅 빈 지도에 불과하다.

길을 잃었다는 것

그것은 지금 고비 한복판에 들어와 있다는 것이다.

- 최승호, 『고비사막』 -

사랑도 꿈도 행복도 고비 사막에서는, 텅 빈 땅의 고요에 지나지 않으리라.

사막에서 펼쳐드는 지도는 그저 모래가 흐르는 텅 빈 종이에 불과하다. 그곳에선 북극성에 의지해서 빠져나올 수밖에 없다. 모래바람만 부는 공허한 사막의 인생에서 삶의 좌표가 되는 이 북극성을 따라 뚜벅뚜벅 걸어가야 할 뿐이다. 열정이 사라진 삶에서 길을 잃고 헤매는 나는 고비 사막의 한복판에 들어서 있다는 의미다.

꿈, 사랑, 성공, 행복이라는 삶의 좌표만이 고비 사막 한복판에서 길을 잃은 나를 끄집어 낼 수 있다. 그래서 다시 한 번 꿈을, 사랑을, 붙들려 한다. 삶의 지표를 잃으면 고비 사막처럼 메마른 이곳을 빠져나갈 길이 없다.

몽골어로 풀이 자라지 않는 땅이라는 고비의 의미. 고비 사막을 건너는 유일한 방법은 북극성을 찾는 일이다. 동서 100킬로미터 남북 800킬로미터의 황량한 사막, 고요만이 채운 텅 빈 공허한 그곳에선 있는 길도 의심하고 없는 길을 만들어 건너야 한다. 허무하고 황량한 모래바람 속의 인생. 우리들 스스로의 용기와 도전정신, 나 자신에 대한 믿음만이 유일한 확신이다. 길을 밝히는 인생의 좌표인 꿈, 사랑, 성공을 따라 걸을 뿐이다.

과거는 한낱 신기루. 지금 삶에 고비를 맞았다면, 길을 잃었다면, 나는 지금 고비 사막의 한복판에 들어와 있는 것이다.

이곳에서 그동안 내가 붙들고 길을 찾아온 지도는 텅 빈 사막을 흐르는 텅 빈 지도.

다시 삶의 좌표인 북극성을 따라 걸으며 고비를 넘으려 한다.

영 올드,
올드 영

나이는 숫자에 불과하다는 진부한 말이 진정성으로 다가오는 경험을 한다.

LA다저스의 야구경기를 보면서 한국의 류현진이 아니라 내내 경기를 중계하는 노장의 아나운서에게 시선을 빼앗기고 있었다. 85세의 빈 스컬리. 노장의 아나운서 목소리에 담긴 경륜과 유머. 그는 노인이 아니라 20대의 젊음을, 충만한 활기를 목소리와 표정에 담아내고 있었다.

"늘 20대 선수들과 어울리니 내가 20대인지 80대인지 헷갈린다."며 조크를 던지는 여유를 보면서 저렇게 나이를 먹어야 한다는 강박증까지 생겨난다. 누가 뭐래도 세계 최고의 갑부인 워런 버핏, 빌 게이츠는 어떤가? 최근 멋진 힙합을 섞어 '헬로'라는 신곡을 발표한 한국의 노장가수 조용필도 영 올드다. 그 목소리에 열정이 배어 있고 시대의 흐름을 읽는 정확한 트렌드의 리듬에 젊은 세대와 기성 세대가 동시에 반응하고 있다.

앤디는 이제 23세다. 한창 혈기왕성한 열정으로 좌충우돌하는 것조차 아름다울 나이에 나보다 더 신중하고 모든 일에 실패할까 겁을 낸다. 무슨 일을 시켜도 돌다리를 두드려 보기만 할 뿐 겁이 나서 넘질 못하니 나에게 애늙은이라는 질타를 받곤 한다. 과보호 아래서 철없는 여타 젊음들에 비해 그는 너무 일찍 철이 들었다. 일찍이 어려운 가정을 책임져야 하는 것도 있어서였지만 성품 자체가 도전을 극도로 경계한다.

그렇지 않아도 나이가 들면 세상물정을 알고 철이 들면 알아서 꼬리를 내리고 뒷방늙은이로 물러나는 게 우리들 일반적인 삶인데, 늙기도 전에 철이 먼저 든 이 올드 영 보이 앤디는 나를 슬프게 했다.

천방지축으로 뛰어다니는 망아지가 큰일을 내서 말썽을 부리기도 하지만 세상을 바꾸기도 한다. 순수한 철들지 않음이 사랑을 해도 목숨을 건 사랑을 한다. 그 위험한 사랑이 그를 망칠수도 있지만 세상을 바꾸는 혁명을 가져오기도 한다.

영 올드, 애늙은이 젊음을 보면 가슴이 아프다. 비전도 없고 안정된 직장만을 좇아 목을 매는 애늙은이들은 올드 올드로 늙어갈 것이다. 지금 세상은 영 올드에 의해 발전되고 있다.

미국만 해도 2차 대전 이후의 베이비부머들이 젊음을 휩쓸던 히피문화의 자유분방함 속에서 시행착오를 거쳤지만, 그들의 도전정신과 남들과 다른 길을 가는 것에 두려움을 모르던 은둔자들이 컴퓨터의 시대를 열고 인터넷으로 세상을 바꾸었다.

또한 이 베이비부머들의 영 올드는 막강한 부를 바탕으로 한 소비력으로 모바일 기기의 일등 소비자들이다. 자신을 차별화하는 것이 영 올드의 원동력이다. 그들이야말로 나이는 숫자일 뿐이다. 열정과 패기와 삶에 대한 성찰이 영 올드의 매력적인 아우라를 만든다. 아름다운 사람들, 영 올드다.

경쟁이 치열한 사회를 살면서 남의 불행이 나의 행복이 되는 비열한 시대에 우리에게 남는 것은 스스로 의식하지 못하는 사이에 공멸하는 것밖에 없다. 서서히 데워지는 물속의 개구리가 되어 공멸한다. 올드 올드는 그렇게 사라지는 잉여인간이 되고 투명인간이 된다.

이런 시대에는 일찍 철이 들어야 살아남는다고 부추기지만 일찍 늙어버린 애늙은이의 시대는 발전도, 혁신도, 도전도 없이 소멸하는 길밖엔 없다. 실패는 아직 실수일 뿐인 젊음을 낭비하는 죄, 영 올드다.

나이라는 숫자는 많지만 늙지 않은 영 올드가 많아야 하는 것은 영적이지만 종교적이지 않은 자각을 하는 경영 사상가들의 주장이기도 하다.

중세의 수도원이, 티베트의 라사가, 수천 년을 내려온 힌두의 요가가, 아직도 살아 있고 오히려 새로운 트렌드의 영적인 것으로 재조명되고 있다. 그 이유는 낡고 오래됐지만 명상이라는 것을 통해 젊은 영적 방향을 제시하기 때문일 것이다. 얼마 전 샌디에이고의 한 사찰을 방문해서 느낀 소감이었다.

영 올드한 영적 방법으로 돌아온 그 명상이 기존의 기독교나 불교 사찰들의 거대한 건물과 신도 수로 경쟁하는 종교에 식상한 나 같은 사람들을 끌어당긴다.

이들이 낡고 오래되었지만 생명력을 가지고 새롭게 다가오는 것은 인간 내면 깊숙이에 자리 잡은 영성spirituality을 건드리기 때문일 것이다. 침묵 속에 수도원을 거닐고, 오체투지를 하는 티베트의 승려들을 보고, 나마스테를 읊조리며 명상 요가를 하면서, 급변하는 인터넷의 시대에 그것들은 힐링이라는 영 올드의 영성을 가지고 돌아와 있다.

영 올드 가수 조용필의 귀환을 본다. 85세의 노장의 아나운서가 다저스 구장에 밝게 울려 퍼지는 열정적 중계를 하고 있다. 나는 어떤가? 묻는다. 영 올드? 올드 올드?

앤디와 같은 올드 영, 애늙은이들에게도 연민이 쏟아진다. 너무 일찍 철이 들었다.

똑같은 걸로
경쟁하면 망해

미션비헤오의 델솔을 보고 충격에 가까운 감탄을 쏟아내는 소냐.

"재스민, 인테리어와 액티비티 등을 벤치마킹해야겠어. 이렇게 아름답고 향기 나는 요양시설에 음식이며 직원들의 반듯한 태도와 숙련된 처치 등은 한 달에 6,000불을 기꺼이 낼 만하게 해."

파트너십을 위해 초대된 자리에서 열심히 그들의 경영을 들여다보는 소냐에게 말했다.

"똑같은 서비스로 경쟁하면 망해. 우리만의 니치마켓(틈새시장)을 찾아야 해. 이들과 협업해서 사업을 할 방법을 찾아보자. 지금이 그런 시대야. 인터넷의 시대엔 모든 것들이 연결되어 있고 개방돼 있어서 이들이 하는 서비스는 지금 하이앤드의 시설에서는 다 하고 있는 거야. 경쟁자들끼리도 서로 협업하지 않으면 살아남을 수 없는 게 오늘의 시대야. 그러니 차라리 이곳의 책임자인 스콧과 협력방안을 모색하자. 우리가 그들의 경쟁상대가 아니라는 것을 인지시켜야 해."

내게 없는 재능을 가진 소냐는 영국식 악센트의 고급 영어를 구사하고 있어서 누구나 그녀의 말을 귀담아듣게 하는 능력이 있었다. 때와 장소에 맞춰 적당히 유머를 양념처럼 섞을 줄 아는 그녀의 재능은 만나는 횟수가 더해지고 일을 같이할수록 탐나는 재능이었다.

"하지만 재스민의 사업에 대한 통찰력, 전방위적 대책 마련, 기획력은 그 누구도 따라갈 수 없지. 내 영어와 재스민의 두뇌가 결합된 우리니 무적의 팀이 될 거야. 재스민이 없는 소냐는 없어. 그래서 우리가 서로 끌리는 모양이다. '사람은 자신의 결핍을 채워주는 상대에게 끌린다.'라는 명언이 있어."

소냐의 부끄러운 고백이 나지막이 흘렀다.

저런 거금의 비용을 지불하고 이곳에 들어와 있는 노인들은 사실 능력 있는 은퇴자들이다. 10년이 될지 20년이 될지 모르지만, 그 긴 시간을 추호의 흔들림도 없이 탄탄한 재력을 가지고 비용을 지불하는 이들은 도대체 어떤 직종의 일들을 했을까? 문득 궁금해졌다. 그들이 살며 아이들을 키웠을 환경과 완벽하진 못해도 비슷한 수준의 서비스가 있는 곳을 선택했을 것이다.

에이트리아처럼 큰 곳을 마다하고 델솔 같은 소규모의 요양기관을 선택한 이유는 무엇이었을까? 5스타 호텔을 능가하는 시설의 어바인의 우드브리지는 액티비티도 다양했고 세 끼 식사를 서빙하는 비스트로와 음료를 서빙하는 카페까지 완벽한데 왜였을까….

무엇이 이 작은 요양 시설의 강점일까를 고민해야 했다.

소냐와 나는 똑같은 서비스로는 도저히 그들과 경쟁할 수 없음을 알았다.

"오가닉 식자재와 리넨 등을 쓰자. 그리고 웹 사이트를 통한 마케팅을 차별화할 방법을 찾아야 할 것 같아. 재스민, 어떻게 생각해?"

진실에 이르는 길에는 두 가지가 있다는 글이 문득 생각났다.

누구나 성공적인 마케팅에 목이 마르고 성공을 갈구하지만, 오직 소수의 자만이 그것을 거머쥔다. 사업이나 정치 등 인간의 감성을 움직여야 하는 일에는 정해진 답이란 없다.

연구자는 말한다.

사람의 마음을 움직이는 진실에 이르는 길에는 두 가지가 있다.

과학자의 길과 변호사의 길이 그것이다.

과학자는 증거를 모아 이론을 만들고 실험으로 증명한다.

변호사는 거꾸로 설득하고 싶은 결론을 미리 정해 놓고 유리한 증거는 과장하고 불리한 증거는 축소한다.

사람의 마음엔 변호사를 닮은 무의식이 있어서 항상 의식이 먼저인 과학자의 마음을 압도한다는 게 연구의 결론이다.

그래서 우리의 마케팅도 사람들 마음속의 무의식을 자극하는 변호사의 길을 택해 우리가 원하는 길로 들어서야 한다고 결론짓는다.

그것은 남들과 똑같은 것으로 경쟁해서는 진다는 것.

사람들의 무의식을 자극하려면 우리 스스로가 변호사의 마음으로 진리를 찾아야 한다. 상대를 설득하고 싶은 점을 미리 정해 놓고 우리의 강점은 최대로 부풀리고 후발 주자로서 피할 수 없는 약점은 축소

시키는 마케팅 전략이다.

내 열정에 찬, 그러나 빨라진 말 속의 형편없는 영어에 소냐가 갸우
뚱한다. 이해하기 어렵다는 표현이다.

"똑같은 걸로 경쟁하면 망해." 짧은 영어로 내가 답했다.

이제, 나는
나에게로 돌아간다

다시, 나에게 길을 물으며, 나에게로 돌아간다.

세상의 멘토를 찾아 헤매고, 성공하기 위해 커피를 들이키며 밤을 새우던 시간을 지나 먼 길을 돌아 다시 제자리에 섰다. 젊음의 시간을 지나 성공에 눈이 멀었었고, 사랑에 목숨을 걸고 싶었던 혼돈의 시간들을 통과하면서 열정과 만났고, 두려움과 대면했으며, 아직도 불확실한 미래를 앞에 두고 있다.

그럼에도 불구하고 "사랑이야", 아니 "성공이야"를 외치며 질기게도 움켜쥐고 있는 못다 이룬 꿈을 아직은 놓지 못한다. 그러다 나이라는 숫자가 들이미는 현실 앞에서 겸손을 배우고 별로 이룬 것이 없는데 이젠 뒤로 물러나야 한다는 현실에 절망한다. 그러면서 우연히 마주한 우리들 젊음의 초상이었던 조용필의 '헬로', '바운스'라는 곡에 마음을 홀린다. 노장의 그가 나이를 잊고 젊은 목소리와 젊은 감각으로 다시 돌아왔다. 아직도 사랑 앞에서 가슴이 바운스, 바운스 하며 뛴다는 그의 노래에 내 가슴이 다시 바운스 한다.

그래서 나는 나에게로 돌아가려 한다.

못다 핀 사랑에 열정 한 줌 뿌리는 일이 죄가 되진 않으리라.

인생의 전환점을 맞아 그냥 조금 달라지는 게 아니라 완전히 방향을 바꿔 반대쪽의 나로 향해야 한다는 생각은 하지 못했다. 다 바꾸긴 겁이 나 조금만 바꾸려 하니 쉽사리 되지 않는 게 보이지 않는 게, 길이다.

내가 미처 생각하지 못한 변화였다. 다시 원점인 나에게로 돌아가 일의 의미나 성공을 그곳에서 다시 시작해야 한다는 것. 그것이 내가 지금 서 있는 지점에서 보는 것이다.

완전히 바꿔라. 성격도 만나는 사람도 생각도…. 그래야 길이 보인다.

우물 안 개구리처럼 지금 이것이 최선의 성공이라는 어설픈 말을 내뱉었다. 실패가 무서워 도전을 두려워하며, 월급쟁이로, 한 회사의 직원으로, 아니면 많지도 않은 수십 명의 직원으로 사업체를 이끌며 근근이 월말 급여와 세금 걱정을 하는 데 매몰된 우물 안 개구리, 조만간 뜨거워진 물속에서 숨을 헐떡일 나 같은 사람. 그렇게 되기 전에 온힘을 다해 튀어 올라 이곳을 빠져나와야 한다.

예술을 이해하려면 예술적으로 훈련된 사람이어야 하듯이 사람공부인 인문학도 제대로 공부해야 나를 알 수 있지 않을까… 인문학의 본질이 사랑인 바에야… 더할 수 없는 공부 아니던가….

인생의 도전적인 삶과 사랑을 열망하면 그 본질인 인문을 공부해야

한다. 여가와 놀이를 즐기는 데도 훈련이 필요하지 않던가. 사랑에 훈련되지 못한 사람은 사랑을 불러일으키지 못한다. 사랑을 불러일으키지 못하는 자, 자신을 사랑받는 사람으로 만들지 못하는 것은 진정으로 무능하고 불행한 일이었음을 지금 알게 된다. 사랑은 그저 어느 날 우연히 하늘에서 뚝 떨어지는 것인 줄 알았다. 운명적으로 다가오는 게 사랑이라고 믿었다. 신데렐라 같은 사랑을 만나지 못하는 건 순전히 운이 나빠서인 줄 알았다.

그런데 나이를 먹고 세상 속을 헤매며, 사랑이나 성공을 하기 위해 끊임없는 도전으로 위험 속에 나를 들이밀던 내가 지금 이해하는 게 있다. 이것들은 끊임없는 노력과 열정으로 도전해야 하는 위험한 것이었음을….

이런 모험이 두려워 망설인다면 사랑을, 삶을, 입에 올릴 자격이 없는 나이다. 불행한 건 이것을 이해하지 못하는 것이다. 이해하지 못하는 한 나는 가치 없는 인생이다.

이것이 나에게로 돌아가게 하는 원동력이다.

사랑에 훈련이 안 되고, 그래서 나를 사랑받는 사람으로 만들지 못한다면, 남는 시간을 진정으로 여가를 즐길 줄 모른다면, 그것이야말로 무능력하고 불행한 일임을 알게 되었다.

시간의 물살에 휩쓸려 가면서 대면하는 인생의 허무함. 그 속에서 삶을 사는 방법을 훈련하지 못한 우리는 시간이 흐르는 자취를 따라 긴 탄식만 흘려보낸다.

인생이란 삶의 경영이어서, 수많은 문제를 해결함으로써가 아니라 우리를 스치고 지나가는 수많은 기회를 깨어 있는 의식으로 붙들고 그것을 잡아 이용하는 데서 성공도 사랑도 잡히는 것임을 왜 나는 이제야 알게 되었을까?

"경영의 성과는 문제를 해결함으로써가 아니라 수많은 기회를 이용함으로써 얻어진다."

– 피터 드러커 –

인생의 경영이나 사업의 경영이나 같다. 나에게로 돌아가는 나이 위에서는 모든 것이 함축적으로 포괄적으로 다가온다. 아무 일도 하지 않았다면 이해하지 못한 일들이다. 적어도 나에게로 돌아간다는 말을 하는 순간 나는 아무것도 이해 못 하는 가치 없는 사람은 아닌 것이다.

그렇게 두려워 마지않는 사회의 잉여 인간으로 늙어가진 않으리라….

나에게로 돌아가는 내가 할 일은 나를 스치고 지나가는 수많은 기회를 깨어 있는 의식으로 붙드는 일. 그 위에 새로운 것을 찾고 현재에 충실한 것이다. 나를 둘러싼 세상에 새로운 생명을 불어넣을 수 있도록 스스로를 새롭게 하는 것.

이제, 나는 이렇게 나에게로 돌아간다.

무대의 총책임은
지휘자에게 있다

"405프리웨이에서 내려 브리스톨로 들어가요. 그리고 왼쪽 사우스코스트 플라자에 파킹하세요. 서거스트롬 공연장을 잇는 다리가 아주 낭만적이라 그곳에 있을 테니 만나서 우리 걸어요. 전 네이비블루 드레스를 입었습니다."

초행인 나를 위한 린다의 문자다.

드디어 그 유명한 오렌지카운티의 공연극장에 올 수 있었다. '플래시댄스'라는 뮤지컬 공연이다. 저녁 7시 반 시작의 공연을 보려고 예복 차림의 미국인들이 모여들고 예기치 않은 파티복을 입을 기회를 가졌다.

"와인과 치즈를 삽시다."

학교선생님으로 재기발랄한 제니스의 제안에 공연장에 입장하기 전 두 잔의 와인을 마시고 나른한 기분에 취했다. 그리고 공연장. 언제나 건축가들에 대한 부러움, 내가 가지 못한 길에 대한 시기심 어린

찬탄이 있었는데, 이 공연장은 그 규모와 화려함으로 나를 압도했다. 어떻게 이토록 아름답고 정교한 건축물을 짓고 그 공간에 생명을 불어 넣을 수 있는지. 그곳의 모든 것들이 예술이었다. 하긴 어떤 직업이든 그것에 사명감과 열정을 갖고 다가서는 사람들에 의해 모든 것이 예술로 승화되지 않던가.

공연을 시작하는 종이 울리고 공연장에 들어서자 금관악기의 화려한 팡파르가 우리의 느긋함에 뜨거움을 심는다. 은발의 노신사가 무대 아래의 정중앙에서 지휘봉을 휘두르고 무거운 중저음의 베이스 소리에 우울한 고뇌를 담아 토해낸다. 지금 이 순간 천여 명의 정장을 하고 서거스트롬 홀에 모인 모든 이들의 감성과 열정에 불을 댕기는 이는 단 한 사람의 지휘자. 그가 이 무대의 총책임자다.

그의 손끝에 따라 우리는 사랑에 빠지고, 서글픈 현실에 슬퍼하고, 마침내는 극복하는 결실의 감동을 맛본다.

> 언젠가 불러야 할 이름이라면 당신을 부르고 싶습니다
> 거스르지 못할 인연이라면 다시는 손을 놓지 않겠습니다
> 때론 오래된 친구처럼 때론 처음 만나는 사람처럼
> 그 많은 당신을 사랑하겠습니다
>
> – 이준호 –

주인공 여자의 목소리 속에서, 그를 사랑하는 남자를 향한 감사의 노래가 내게는 한국적인 정서로 다가왔다.

잠시 잊고 있던 먼지 앉은 내 기억 속의 사랑을 끄집어냈다. 아름다운 음악과 배우들의 춤을 지휘하는 지휘자의 손끝에서 마술처럼 피어나는 사랑의 연기가 나를 취하게 했다.

잊고 있던 평범한 일상에 대한 감사와 기쁨도 그의 손끝을 따라 움직였다. 바쁘다는 핑계로 잊고 있던 단순한 일상의 기쁨들. 해가 뜨고 또 다른 해가 지는 사이에 느꼈을 삶의 단순한 기쁨들이 문득 내 안으로 들어왔다.

사람과 사람 사이의 소통이 고갈된 비정한 시대를 우리는 살고 있다.

사랑과 따뜻함. 우리의 그리움.

이곳 한 은발의 지휘자가 들려주는 음악과 그의 손끝에 따라 춤을 추는 배우들. 그의 무대에서 품어져 나오는 열정들.

이토록 좋은 음악이나 좋은 작품은 우리가 잊고 있던 것을 기억하게 한다. 너무나 익숙해 있는 현실 속의 모든 것을 다시 한번 생각하게 한다. 항상 투 섬스 업Two thumbs up의 인생에 대한 갈망으로 마음에 기쁨이 없었다. 두 엄지를 세울 수 있는 성공적인 삶에 대한 소망은 언제나 안개 속 흐릿한 곳에 있고 좀처럼 모습을 보이지 않는데, 지휘자의 손끝을 따라 춤을 추는 댄서들의 행복한 몸동작과 목소리에 그 기쁨이 숨어 있다 모습을 드러내며 우리를 전율 속에 가둔다. 다시 한번 단순한 삶의 기쁨을 생각하게 한다. 먼지 묻은 사랑을 꺼내어 불을 붙이고 싶은 갈망을 준다. 무대 위의 총책임을 맡은 지휘자의 손끝으로부터 그것은 왔다.

비정한 현실을 살면서 사람들의 수다를 피해 숨어 들어간 동굴 속에서 외로운 늑대로 변해 가는 나를 다시 세상 속으로 꺼내놓으며 사랑을 품는 것을 허락하라고 한다.

나 자신을 파괴하는 자생적 테러. 외로운 늑대로 산 내 앞에서 음악은 지휘자의 손끝에서 나와 나를 흔든다.

"사랑을 욕망해도 괜찮다. 성공을 욕망해도 괜찮다.
네 인생 무대의 총책임자는 지휘자인 네게 있다."

아름다운 토요일 저녁 한때, 오렌지카운티 아트센터에서 '플래시댄스'라는 뮤지컬을 통해 만난 삶의 교훈이다.

남루한 일상으로
남은 사랑

"난 헌신적인 사람이 아닙니다. 단지 몰두할 뿐입니다."

닥터 브라워의 일상적인 말에 교회에서 점심을 먹던 난 감전된 듯 수저를 놓을 수밖에 없었다. 수많은 아시안 젊은이들의 선교가 꿈인 그는 캘리포니아 대학의 엔지니어링 교수이면서 신학을 공부하는 학생이다. 그의 말은 교회 일을 업으로 삼는 사람들에게 있는 따분함, 신앙을 앞세우는 몰염치한 대화 기법이 없이 심플하고 직설적이다.

헌신을 제일의 덕목으로 하는 종교인의 길을 가겠다는 사람 입에서 나온 말이다.

단지 몰두해서 아내를 사랑하고, 말썽을 부리는 아들을 사랑할 뿐, 자신은 헌신하고는 거리가 멀다고 말한다. 솔직하고 신선하다.

남을 위한 봉사와 신을 향한 헌신에만 집착한 내 종교적 사유 앞에 남은 것은 지루하고 일상화된 남루함뿐이었다. 말뿐인 신앙, 주변에 대한 배려나 진실함은 빠진 진부하고 남루한 일상이 된 신앙생활이 나를 내리치고 있는 중이었다.

이루지 못한 사랑은 비탄 속에서나마 아름다운 추억으로 남아 있을 수 있지만, 젊은 날 뜨거운 사랑의 열병 속에서 만나 결혼을 하고 삶을 산 이루어진 사랑 또한 지금 너덜거리는 옷을 걸친 남루한 모습이다. "정말 사랑을 했던 건 맞을까?"라고 물을 만큼 낯설기조차 하다.

헌신과 몰두가 필요했던 사랑. 결혼으로 사랑이 완성된 것으로 믿는 우리에게 사랑의 배반이 다가왔다. 더 이상 사랑이 숨 쉴 수 없는 현실은 남루함의 옷을 입힌다. 나만 헌신하고 손해 본다는 이기심이 본래의 푸릇했던 사랑의 향기를 덮고 악취를 풍긴다. '왜 나만 희생하고 헌신해야 해' 하는 이기심 위에 우리들의 삶은 사랑과 배려로 풍성해야 할 시간들을 비참하게 만든다. 사랑은 헌신이 아니라 몰두할 줄 알아야 했다. 신앙도 그와 다르지 않았다.

열정을 지닌 삶이란 몰두 속에서 얻어진다. 몸 바쳐 헌신하지 않아도, 몰두는 했어야 한다. 그래야 남루한 일상 속에서 사랑을 내팽개치는 일은 없었을 것이다.

젊음이 부러운 이유는 무언가에 몰두한 그들 속에, 파릇하게 날이 선 채로 살아 있는 뜨거운 고민과 사랑, 아직 펼쳐지지 않은 미래 때문이다. 무슨 일이든 그들의 노력 여하로 만들어질 수 있다는 가능성으로 남루한 삶의 겉옷을 걷어찰 기회를 가진 것이다. 인생선배로서 닥터 브라워의 명언을 알려주고 싶다.

"그대는 헌신적일 필요는 없다. 단지 그대 인생에 몰두해라."

　"젊은 시절로 돌아가고 싶은가?"라는 질문을 여러 번 받는다. 당연히 그리운 젊음이다. 낡아 너덜거리는 남루한 일상의 때를 벗고 새롭고 황홀한 사랑에 빠질 수 있는 젊음을 누가 마다하랴. 하지만 삶이 일상일진대 시간을 따라 신선함은 없어지고 남루해짐을 막진 못할 것이다.

　얼마 전 한 젊은 친구가 그리스신화의 한 토막을 전했다.

　새벽의 여신 에오스가 인간인 티토노스와 사랑에 빠졌다. 영원히 죽지 않는 신 에오스는 제우스에게 간청하여 연인인 인간 티토노스를 자기처럼 영원히 살게 해달라고 했다. 사랑을 지키고 영원히 살고 싶은 그들의 청을 제우스는 들어주었다. 마침내 영원히 죽지 않게 된 티토노스. 그러나 그곳엔 빠진 게 있었다. 영원한 젊음이었다.

그러니 육체는 세월과 함께 늙어가고 몸과 마음은 완전히 소진됐지만 그는 죽을 수 없는 불행한 존재로 남았다. 뒤늦은 에오스의 후회. 그러나 너무 늦었다. 젊음이 없는 영원한 삶은 죽음보다 더 큰 형벌이었다. 사랑이 없는 젊음, 몰입이 없는 젊음에 늙어서 죽을 수조차 없다면 그보다 큰 형벌은 없다. 불확실성 속에서 끊임없이 고민하는 그것조차 아름다움으로 빛나는 게 젊음이다. 그리고 그것은 지극히 짧은 순간에 지나가는 것이기에 아름답다. 이것 없는 영원한 삶을 우린 살고 싶지 않다.

젊음 속에 빛나는 사랑, 열정.

젊음의 시기가 갖는 유한성이, 젊음이 없는 영원한 삶보다 낫다. 그 이야기를 듣고 내가 한 답이다.

지금 우리는 백세시대를 이야기하고 있다. 젊음이 없는 장수가 과연 좋을까? 미래에 대한 꿈으로 달뜬 열망 없이 행복할까? 사회에서의 존재감을 갖지 못한 채 맞는 장수시대는 형벌이다. 젊음 없는 영생이 죽음보다 큰 형벌이 된 티토노스의 이야기를 되새기게 한다.

남루한 일상으로 남을 사랑을 극복하는 유일한 길은 잭의 말처럼 몰두뿐이다. 헌신적인 사람일 필요는 없다. 순간순간을 몰두할 때, 먼지를 뒤집어쓴 삶의 누더기를 벗을 수 있다. 순간을 상대에게 몰두할 때 남루해진 사랑의 때를 벗겨내고 새로운 사랑을 만들 수 있다. 사랑 없는 삶, 마음의 젊음 없는 장수는 재앙이다. 육체는 세월과 함께 늙어가고 몸과 마음도 일상의 때로 누더기가 됐는데 죽을 수도 없다면 끔찍하다.

　남루한 일상이 된 우리의 사랑에 대한 몰두가 필요하다.

　휴식도 사랑도, 일이나 공부만큼의 몰두가 필요하다.

　　평화로운 에너지란 없다. 새로운 힘은 언제나, 지키려는 힘과 앞
　으로 나아가려는 동력 사이에서 발생한다.

- 파비안 -

절대 저렇게 늙지 않겠다고
다짐하던 시건방

"청춘이 아름답다고? 청춘예찬은 완전 사기였어. 기성세대가 만들어놓은 틀 속에 갇혀 젊은 우리가 할 수 있는 건 하나도 없는데 무한한 가능성의 청춘이니 아름답다는 말로 사기를 치다니…. 취직조차할 수 없는 젊은 우리 앞에서 기득권은 내려놓지 않으면서 온갖 사탕발림으로 젊음이 부럽다고? 우리들의 고민을 아나? 난 절대로 저런 꼰대로 늙진 않을 거야. 아니, 나이 40이 되면 죽을 거야. 짧고 굵게 살거야…."

그런 내가, 술잔을 기울이며 시건방진 멘트를 날리던 이 오만방자했던 젊음이, 육체의 나이는 입에 올리면 안 되는 장년기에 접어들고아직도 젊음인 줄 착각하며 살고 있다. 젊어 보인다는 말 한 마디에감격하는 허접한 꼰대가 되어 있다. 절대 저렇게 늙지 않겠다고 다짐하던 시건방지고 오만했던 젊음이었음을 깊이 반성한다.

우리의 청춘은 돌이켜보면 아름다운 것 하나 없는 분노와 좌절의 시기였다. 행복하지도 않았고 빛나지도 않았다. 모든 가능성은 열려 있었지만 할 수 있는 것은 하나도 없어 좌절했다. 그 좌절의 젊음을 보내고 어느새 나도 혐오해 마지않던 기성세대가 되었다. 그러니 내 아들들이 청춘이 아름답다는 말은 사기라고 해도 난 할 말이 없다. 돌아보면 나도 그 시절 청춘예찬은 사기라 폄하하는 시건방을 떨지 않았던가.

'당신의 그 아름다운 젊은 시절엔 무엇을 하고 이제 와 우리의 젊음을 탐하나요?' 하는 그들의 고민에 찬 눈빛에, 내 입술이 떨리고 등줄기에서는 식은땀이 흐른다.

그랬다. 그때 삶의 무게가 무겁다며 빨리 늙기를 소원했던 젊음이었다. 나는.

하지만 모든 생명은 시련이 키우지 않던가. 비바람과 눈보라를 맞아 가며 인고의 시간을 견뎌낸 젊음만이 생명력을 가진 삶을 살고, 기업을 키우고, 사랑을 지속한다.

지금은 어린 천만장자들의 시대다. 인터넷이 세상을 변화시키고 젊은 부자들을 양산시키고 있다. 그들 앞에서 난 무능한 꼰대, 한물간 세대일 뿐이다.

구글의 래리 페이지, 페이스북의 마크 저커버그 외에도 얼마 전엔 영국의 17세 소년이 자신이 개발한 앱을 야후에 팔면서 천만장자의 반열에 올랐다. 고교생인 닉 달로이시오는 주요 언론사들의 뉴스를 요약해 주는 앱 섬리Summly를 개발하고 야후에선 3천만 불에 사들였다.

내가 못한 것들을 젊음들에게 강요하며, 나이 든 내 앞에서 시건방을 떨고 싶다면 창의력을 가지고 몰두해서 공부하고 저 어린 억만장자들처럼 성공하라고 윽박지르는 난 영락없는 찌질한 꼰대다.

할 수 없다고 생각하는가? 그것은 네가 지금 하기 싫다고 다짐하
고 있다는 것이다.

- 스피노자 -

스피노자의 오래된 말을 이용해서 기성세대처럼 늙지 않겠다고 시
건방을 떠는 젊음들의 입을 틀어막고 있는 위선적인 나를 본다.

"그래, 젊음아. 청춘이 아름답다는 예찬은 사기다. 그러나 살아내야
할 현실로서의 그 젊음이 누군가에게는 얼마나 소망스러운 건지 알아
라. 모든 시련이 생명을 키우듯 아픔이 젊음을 키운다."

이 솔직한 고백이 훨씬 인간적이다.

조만간 그들도 나이가 들고, 한때의 시건방도 젊음이니까 떨 수 있
던 특권임을 알게 된다. 그 모든 건방조차 용인되는 게 젊음이기 때문
이다.

젊음 없는 장수의 시대, 영원한 삶을 나는 바라지 않는다. 그것은
죽음보다 더한 형벌이다.

머리는 희고 얼굴엔 주름이 생겼어도 마음만이라도 젊으려면 끊임
없는 자기관리가 필요하다. 사랑을 하고, 책을 읽고, 끊임없이 도전하
고, 그리고 다시 일어나 먼지를 툭툭 털며 웃을 수 있는 능청스러움을
익혀야 한다.

나이가 들어 자신의 속내를 보이면 주책스러울 때가 있다. 그래서

마음을 감추는 블러핑의 기술도 필요하다.

내 손에 쥔 패가 상대방보다 나쁠 때 강한 베팅을 해서 좋은 패를 가진 상대방이 기권을 하게 만드는 것. 난 그것을 살아남기 위해 일해야 하는 경쟁에서 배웠다.

젊은이들이 쥔 강력한 패는 젊은 패기와 도전정신, 지칠 줄 모르는 열정이다. 그 강한 패를 손에 쥐고 시건방을 떨면 온갖 삶의 고비에서 살아남은 나이 든 사람을 이길 수 없다. 나이 든 이들은 블러핑 기술에 능하다. 젊음보다 더 큰 패인 경험과 성공이 손에 쥔 패인 듯 상대를 교란할 것이다. 나를 보며 저렇게는 늙지 않겠다고 시건방을 떨 젊음이 있다면 내 유일한 전술은 블러핑뿐이다.

이 게임의 성공을 위한 전제조건이 있다.

상대인 젊음이 내가 쥔 패가 무언지 모를 것, 중간부터 마지막까지 강하게 밀고 나갈 것, 도중에 약한 모습을 보이면 블러핑은 간파 당한다. 시건방을 떠는 젊음들이 나이 든 사람들의 블러핑에 종종 역습을 당하는 이유다.

그러니 젊음아, 내 앞에선 그런 건방은 안 된다. 왜냐면 내가 그런 시건방을 떨었던 미숙한 젊음이었기 때문에 그대들의 패가 보이는 탓이다.

나는 정말 필요한 사람이길 원한다. 잠시 머물렀다 가는 인생일지라도 뭔가 쓸모 있는 인간이고 싶다. 그러니 나이를 앞세워 나를 투명인간 취급하지 말길….

－파비안－

Part 2

F
열등감이
삶의 원동력

도전하는 자들은 용감해서가 아니라
용기를 선택했을 뿐이다.

미래의 역습으로부터의 참화

　누구도 이런 세상이 올 줄은 몰랐다. 이십여 년 전 아직도 늦지 않았던 그때 컴퓨터를 공부하며 다가올 미래의 패러다임을 준비했어야 한다. 시간은 과거에서 현재로 흐른다는 일반 상식만 알았던 무지. 시간이 미래에서 현재로 흐르고 있는 것임을 몰랐다.

　미래에 다가올 새로운 패러다임을 외면하고 너무 한자리에 오래 앉아 기득권을 주장하고 결실만을 즐기던 우리 세대가 지금 미래의 역습에 의한 참화에 시달리고 있다. 미래는 이미 우리 곁에 와 있다며 준비한 많은 이들이 스마트 세상의 물결에 올라타고, 과거를 알아야 현재를 안다는 인문학적 고집 속에 있던 나 같은 사람은 시대의 조류엔 올라타지도 못한 채 따라가기에도 바쁜 처지가 되었다.

　아무리 해도 따라잡기 어려운 인터넷 기능들과 스마트폰을 오로지 통화 목적과 카톡 수준으로만 이용할 줄 아는 나. 그러니 컴맹이라는 조롱을 받아도 할 말이 없다. 무얼 하나 다운받으려 해도 젊은 그들의 손을 빌려야 하는 쓸모없는 잉여인간으로 전락해 가고 있다.

미래를 대비하지 않은 나태에 대한 불행치고는 너무나 상처가 크다. 지금 어느 곳을 가도, 학교든 병원이든 회사든, 컴퓨터를 다루지 못하면 자동차 운전을 못하는 것과 똑같은 취급을 받는다. 취업할 수도 없다.

오래전 운전을 배울 기회가 없던 나는 장롱면허로 만족할 수 없었다. 어느 날 목숨을 걸고 고속도로를 탔던 기억이 있다. 경부선을 따라 서초동에서 대전까지 죽을 것 같던 초보운전의 두려움을 감추고 운전을 한 채 마침내 병원에 들어섰을 때, 내 주변인들의 놀란 눈빛을 잊지 못한다. 목숨을 걸고 아무도 가르쳐 주지 않은 고속도로를 혼자 오다니…. 그들의 근심 어린 한숨 대신 난 자신감이라는 전리품을 얻었다. 그렇게 나는 운전을 정복할 수 있었다. 하물며 운전도 이럴진대 스마트 세상의 컴퓨터와 폰의 사용법엔 너무 방심했다. 하다못해 운전에도 목숨을 걸었는데 인터넷 시대의 초기에 손을 놓고 있었다니….

스스로 하는 대신 비서인 멜리사의 손을 빌리니 일은 느리고 잘 진척되지 않는다. 언제나 컴퓨터를 다룰 줄 아는 직원이 없으면 아무것도 할 수 없는 시대에 무식하게 들어선 나는, 미처 준비하지 못한 미래로부터의 역습을 맞고 쓰러져 있다. 운전조차도 초보라는 딱지를 떼기 위해 목숨을 걸었는데 4차 산업사회의 기기 사용과 그 이용법마저 모른 채 방관하고 있었다니….

컴퓨터, 스마트폰의 원리와 개발의 붐에 목숨을 한 번 더 걸었어야 한다.

시간은 미래에서 현재로 흐르는 걸까, 과거에서 미래로 흐르는 걸까?

물이 아래로 흐르듯 시간은 과거를 통해 현재, 그리고 미래로 가는 것이라 생각했다. 현재는 과거의 결과물이기 때문이다. 해서 과거의 역사를 공부하는 것은 현재의 실수를 줄이고 미래를 준비하기 위함이라고 믿었다. 그런데 시대의 패러다임이 바뀌자 그 모든 것이 반대가 되었다. 현재를 낳는 것은 오히려 과거가 아니라 미래다. 미래를 준비해야 현재를 살 수 있었는데 그것을 방관했다.

이십여 년 전, 지금의 미래가 가져올 인터넷 세상을 준비하지 못한 내가 겪고 있는 이 참담한 현실이 그것을 증명한다. 병원의 모든 차트가 전산화되고, 이젠 거의 종이나 엑스레이 필름이 없는 세상이 되었는데 아직도 나는 인화된 사진이나 프린트된 종이로 받지 않으면 머릿속에 입력이 되지 않는 서글픈 아날로그의 비극 속을 헤매고 있다.

출구를 뚫어야 한다. 미래의 역습으로 뒤처지고 쓸모없는 인간이 된 현재를 탈출해야 한다.

반항하지 말고 흘러가는 대로 있어가 아니라 어떻게 하면 이것을 잘할 수 있을지를 고민해야 한다.

봄비로 모든 생명이 다시 깨어나는 계절이다. 그러나 미래를 준비하지 못한 우리 세대에게 현재는 너무나 잔인한 달 4월이다. 겨울이 차라리 따뜻했다.

모바일 혁명이 일어나고 미처 준비하지 못했던 아날로그 세대는 세상의 중심에서 가장자리로 밀려났다. 미래의 역습을 피하지 못했다. 온 생을 걸어야 거머쥘 부를 지금은 십대의 젊은 앱 개발자들이 거머쥔다.

그 앞에서 우리의 봄은 참으로 잔인할 만큼 몰염치하다. 온갖 고난과 풍파, 추위를 견디고 씨앗과 뿌리를 지켜온 겨울을 누구도 기억하지 않는다고 불만을 쏟아내도 아무도 듣지 않는다. 꽃이 피어나 세상을 환하게 하는 봄을 찬양할 뿐이다.

아날로그 시대의 우리는 추운 고통 속에서 젊은 디지털 시대를 키워냈다고 우겨보지만, 적응할 수 없다면 도태될 뿐인 비정한 시대를 살고 있다.

미래의 역습이다. 도전에 응전하지 못한 나태한 현재들이 미래의 물결에 휩쓸려 가고 있다.

화려한 축제의 봄 뒤에 가려진, 잔인한 잉태를 견뎌낸 겨울이었던 우리를 기억하라고 외치지만 이미 다가온 미래는 들은 척하지 않는다.

끓는 야망을 잠재운 자,
노인이다

인생은 흘러가는 게 아니라 채우고 또 비우는 과정의 연속이다.
무엇을 채우는가에 따라 결과가 달라지고, 무엇을 비우는가에 따라
가치가 달라진다.

인생의 길 위에서 만나는 수많은 선택과 도전 앞에서 후회 없는
선택과 그것을 실행할 용기를 기원한다.

– 하워드 –

그곳이 어디든 땅속에 파묻힌 야망을 찾아 불을 점화하고 그 끓는
뜨거움으로 가슴을 채우는 자가 젊음이다. 나이에 상관없이 화산처럼
뜨거운 용암을 가슴에 품은 자, 그 뜨거운 마그마에 불을 붙여 나아갈
길을 찾는 자. "출구를 뚫어라."라고 외치며 돌진하는 게 젊음이다.

체면을 핑계 삼아, 나이를 핑계 삼아 가슴속의 열망을 가라앉히자
갑자기 세상이 죽은 듯 조용하고 비참해졌다. 잉여인간인 노인의 삶

이 시작된 것이다.

마그마처럼 뜨거운 야망을 품은 자는 출구를 찾아 무서운 속도로 돌진한다.

지금처럼 남을 흉내내서는 살아남지 못하는 시대엔, 자발성에 창의를 입혀 출구를 찾아야 한다.

들끓는 야망으로 어제를 살았으면서 지금은 사화산처럼 야망이 죽어버린 사람. 노인이다. 이제는 젊음의 강도 건넜고, 노인이 되었다고 지레 포기한다.

삶의 곳곳이 암초인 것을 알아버린 사람들. 뜨거운 용암인 마그마, 우리들 젊음의 야망은 삶과 죽음의 근간이 되는 암초마저 녹여버린다는 것을 잊었다. 다시 실패하면 영영 일어날 수 없다는 실패의 두려움에 빠진 사람들에게 야망은 너무나 감당하기 어려운 분출이다. 적당히 안전하게 살다 인생의 마지막 암초인 죽음을 맞겠다고 포기한다. 스스로 노인이다.

셸리 케이건이라는 사람이 말한 죽음의 정의가 있다.

"죽음은 반드시 찾아오는 필연성을 갖고, 얼마나 살지 모르는 가변성을 가지며, 언제 죽을지 모르는 예측 불가능성과 함께 어디서 어떻게 죽을지 모르는 편재성을 가진다."라고 한다.

필연성, 가변성, 예측 불가능성이 죽음이라면 노인으로만 죽기엔 아까운 삶이다.

끓는 야망을 찾아 그것의 출구를 열어야 하건만 세상은 온통 암초 투성이다. 출구를 열기 위해 또다시 나에게로 향한다. "나는 누구인가, 어디로 가는가….”라는 명제 앞에선 종교에, 인문학에 답을 물을 수밖에 없다. 길을 걷고 또 걷는다. 움츠러들고 실패의 겁에 질린 비겁한 나를 만난다. 이제 그만하자며, 나이를 의식하라고 설득하는 나, 야망을 접어 깊숙한 곳에 처박은 이미 노인인 나를 만난다.

우리들 삶의 마지막 암초인 죽음을 만나기 전에 우리의 가슴속에서 흔들리고 있는 야망을 찾아 불을 붙이고자 한다. 삶의 전환점 위에 서 있는 불안한 나. 세상적인 의미의 쥐꼬리만 한 성공을 갖고 자만하고 있는 노인으로부터 벗어나지 않으면 살아 있으나 죽은 것이라는 날선 위기 위에 나를 세운다.

인생의 한 지점에 너무 오래 머물렀다. 안락함을 얻은 대신 삶의 에너지인 절실함을 잃었다. 너무 하던 대로 하고만 살았다. 변화를 시도하기엔 너무 겁이 많은 나이가 되고 말았다.

더 이상 잃을게 없을 때 떠나야 한다.

세상에 나가 살면서 나는 나 자신을 시험하고 발전하도록 하는 게 목표였다. 그러나 지금 난 이렇게 서 있다. 이제 내가 꿈꾸는 삶의 모티브가 달라짐을 체감한다. 성공에 목매던 그것으로부터 전환기의 내게 온 모티브는 사랑이다. 삶 자체를 사랑할 것, 모든 순간이 삶의 한가운데이길, 매순간이 명예로운 삶이길…, 그래서 이것들에 대한 또 다른 야망으로 채워진 나는 절대 노인이 아니길….

삶은 처절한 고뇌와 몸부림, 변화를 위한 고통스러운 도전이 있을 때 비로소 윤기 나는 것인데, 야망을 잃어버린 나에게 출구가 보이지 않는다. 저지르지 않으면 아무것도 얻지 못하건만, 쥐꼬리만큼 가진 것을 잃을까 겁나 시도조차 하지 못하는, 야망을 잠재운 노인이 되어 있다. 스스로를 위로한답시고 온갖 긍정의 말로 합리화하지만 빛을 잃은 삶은 늙은 삶일 뿐이다. 죽음의 암초만을 향해 가는 우울한 인생이다.

용암처럼 뜨거움으로, 날선 야망으로, 새로운 것에 도전하는 것. 몸을 던지는 것. 그게 살아 있는 삶이고 젊은 삶이다. 살아 있다는 증거다.

끓는 야망으로 다시 일으켜 세운 젊음을 살다 죽음을 정면으로 맞는 돌직구를 던질 준비를 하는 게 옳다. 뜨거움으로 시도하는 고뇌 속에 위트와 페이소스 넘치는 변화구의 삶도 살아 있다.

이제 만만한 인생은 어디에도 없음을 알아버린 인생, 그래서 너무 오래 안주했다. 안락함을 포기하지 못해 제물로 바친 나의 절실함이 이제 끓는 야망으로 잠자는 젊음을 깨울 차례다.

자발성과 창의력으로 무장하지 않으면 야망의 출구를 찾을 수 없다. 야망의 정점은 성공이 아니라 사랑이다. 사랑도 성공만큼 공부를 하고 절실함으로 매달려야 한다.

매순간 명예로운 삶이 되려면 사랑에 대한 뜨거운 야망을 품을 일이다.

두려운가? 그럼 그냥 노인으로 살다 마지막 암초인 죽음을 맞을 준비를 하라.

나에게 던지는 정언명령定言命令적 화두로 오늘도 잠을 설친다.

분명한 것은 늙음은 격려해야 할 두려움의 대상이 아니라는 것. 이 나이에 새삼스럽게 뭘 시작하느냐로 나를 버리지 않길….

청춘은 진즉에 끝났고 이제 계절은 소멸을 향해 간다는 자포자기가 이런 암묵적 합의가 노인을 만든다.

나는 지금 심하게 덜컹거리는 인생의 전환기 장년기에 와 있다.

남자나라 안의
여자의 생존법

남자가 사회를 지배하는 사회를 살면서 여자는 알파걸이 되어야 했고, 슈퍼맘이 되어야 했다. 언제나 적응은 여자의 몫이었다. 결혼을 하고 아이를 낳으면서 무언가 포기하는 것도 아내의 몫이고, 자식이 원하는 것이라면 목숨이라도 내놓아야 하는 핏줄 이데올로기에 세뇌되는 것도 엄마였다. 아니 이건 세뇌가 아니라 DNA의 웃기는 조작이었다. 누가 시키지 않아도, 아무리 이기적인 여자라도 자식을 위해선 목숨을 내놓을 수 있는 게 엄마로서 당연한 일이고 그것은 설령 자식이 다른 여자, 며느리의 남자가 되기 전의 핏줄 이데올로기였다. 운명적인…. 다른 여자, 특히 다른 알파걸인 며느리의 남자가 되었을 땐 철저히 남이 되는 게 미덕. 또 다른 남자나라 안의 여자로 사는 며느리에 대한 알파걸로서의 동지애다.

"당신이 와야 할 것 같아. 9월 8일부터야. 병원 일에서 당분간 내가 손을 떼야 하니 어쩔 수 없네."

남편의 뜬금없는 전화에 그동안 추진하고 계획하던 모든 것이 하얀 물거품이 되어 부서지는 소리가 들렸다.

"병원이 우리 삶의 기본이니 엄마가 가야 하는 건 당연한 거 아닌가? 여기서 무엇을 한들 의사로 일하는 것보다 더 낫진 않을 것 같아요. 그리고 여기선 성공한다는 보장도 없고…."

아들의 말에 난 거의 공황발작을 일으킬 뻔했다. 아직 내 자식으로 있는 아들의 말을 뒤집을 힘이 내겐 없다. 남자, 여자의 문제가 아니라 핏줄 이데올로기니까…. 남편이었다면 왜 내가 당신을 위해 희생해야 하는데? 왜 언제까지 내가 당신 편한 대로 하는 핀치히터여야 하는데? 하고 따졌을 일이다. 그러나 남자인 내 아들들과 제 아빠와의 의리엔 이길 재간이 없었다.

도대체 얼마나 더 살아야 보조인으로서의 내 삶은 끝날 건가? 항상 아이들 중 누군가 부모가 필요하면 엄마인 내 모든 스케줄을 포기해야 했고, 가족 중 누군가 희생해야 하면 엄마인 나이어야 하는 게 당연한 이데올로기는 아직도 계속되고 있다. 내 인생의 가장 중요한 선택의 순간에서조차 가족의 이름으로 부르면 기꺼이 버리고 가야 하는 것. 그게 여자인 아내의, 엄마의 자리였다. 남자나라의 사고방식에선 너무나 당연하고, 오히려 필요해서 불러주는 것만으로 감사해야 할 지경인 것. 그것이 남자나라에서 똑똑한 여자의 생존방식이다. 내 희생에 아무도 죄책감을 느끼지 않는다. 아무도 미안해하지 않는다.

우아한 척, 때론 전문직을 가진 독립된 인간인 척하지만 실상은 남편의 경제력 뒤에 그림자로 선 치욕감을 느껴야 하고, 아이들 교육에 목숨을 걸었지만 마음대로 되진 않는다. 아이들은 그들 나름대로 클 뿐 하버드 배지를 내 가슴에 훈장으로 안겨 주지 않는다. 남자나라에서 결혼한 여자의 유일한 성공이 아이들인데.

"오호, 통제라!"

"내 인생의 주인공은 나라고 가르친 게 엄마인데, 내 삶의 주인공은 나라고 수없이 이야기한 것을 잊었나요? 치매인가요? 의사든 변호사든, 하버드든, 내가 원해야 하는 거지 엄마가 원해서는 아니에요."

뒤통수를 제대로 얻어맞는다.

그럼에도 불구하고 그들이 공부하느라 날밤을 새우면 엄마인 나도 날밤을 새운다. 당연한 희생은 보상받을 길이 없다. 도대체 이런 독선적인 이데올로기는 어디서 오는 걸까? 언제쯤 극복될 건가?

그러다 짝을 만나고 자신들이 사랑하는 여자들을 데려오는 순간 알파걸이라며 자랑스럽던 엄마인 내 자존감을 묵사발로 만든다. 엄마보단 제 자식, 제 식구니….

딸로 태어난 여자들은 남성세계에 적응하기 위해 과도한 억압을 감내해야 한다. 알파걸이라 불리는 똑똑하고 독립적인 여자들은 운동도 남자만큼 하고, "~했어요" 등의 여성적 화법에 알레르기를 일으킨다. 그러다 보니 매번 스스로 남자인지 헷갈리기도 한다. 그래야 살아남는다. 그럼에도 불구하고 본성이 어디로 갈까?

얼마 전 한국 정치판의 국회 청문회장에 나온 여성장관의 대답에 온 사회가 다 아연실색을 했다. 부동산 문제에 개입했는지를 추궁하는데 "내 시어머니가 한 것이라 모르겠어요."였다.

남자라면 기본으로 알았을 대답인 "제 부덕의 소치입니다."를 이런 대답으로 받다니….

온 국민을 실소하게 만든 그녀가 언론의 뭇매를 맞았다. 거기까지가 여자의 한계란다. 사실을 이야기하면 통하리라 믿는 여자들의 순수함은 남자나라에선 조롱거리일 수밖에 없다. 웬 이물질이 굴러 들어와 이 코미디인가, 여자는 눈요깃감이 되었다. 하지만 이 남자나라에 여성대통령이 들어왔다. 찍소리 못하고 입을 닫은 남자들의 모습에서 이 슈퍼 알파여성은 모든 여성의 워너비wannabe다.

자식을 가르칠 수도 없는 시대에서, 돈이 힘이 되어 버린 자본주의의 폭력성 앞에서, 가족이 원하면 무엇이든 해야 하고 한 번에 모든 꿈을 접어야 하는 게 옳다는 핏줄 이데올로기 속에서 신음하던 모든 여자들에게 그 알파여자는 가뭄의 단비였다. 남성화되지도 않았고, 남자들에게 주눅들지도 않고, 거기에 세련된, 이 알파여자의 출현에 숨통이 트인다.

남자나라 안의 여자들의 생존방식이 어찌해야 하는지 그녀를 통해서 배운다.

남자나라에서 여자들에게 더 가혹한 경기규칙이 창의적이고 유능한 여자를 매섭고 기만적이라고 폄하해도, 이 알파 여성대통령의 출현은 너무나 고무적이다. 자, 이젠 남자나라의 여자가 묻는다. 여성대통령을 이해하는가? 이제까지의 적응이 모두 여자의 몫이었다면 지금은 남자들이 적응할 차례다. 어떤가? 적응할 만한가?

그러나 불행히도 그녀는 임기도 끝나기 전에 남자들에 의해 감옥에 가 있다. 벌써 나왔어야 할 시간을 지나 남자나라의 이상한 이데올로기의 희생양으로 25년형을 받았다. 기막힌 일이다.

알파여자가 아닌 보통여자들은 아직 갈 길이 멀다. 남자나라에서의 적응이….

아무것도 아니면서
전부인 것

우리에게 삶은, 사실은 아무것도 아니면서 전부다.

붙들고 나아갈 북극성이 없으면 암흑 그 자체인 삶. 스스로 발견하지 않으면 아무것도 아닌 무의미의 존재로 사라진다. 의미 있는 삶의 길잡이 역할을 하는 사랑, 꿈, 성공 등 그 모든 것들은 우리를 끊임없이 기다리게 하고 갈망하게 한다. 사실은 그것이 전부다.

수시로 우린 길을 잃고 엉뚱한 곳을 헤매다, 어느 한순간 이게 아닌데 하며 터닝 포인트 위에 우리 자신을 세운다. 사춘기에 그랬고 중년에도 그랬다. 수시로 삶은 우리의 무게를 재며 존재의미를 묻는다.

그중에 우린 일이라는 것을 만나 삶의 3가지로부터 자유를 얻는다. 아무것도 아닌 삶으로부터 권태, 방황, 가난으로부터의 해방.

비로소 일은 삶 속으로의 첫발을 떼게 한다. 늘 거기 있던 삶 속에서 존재의미를 갖게 한다.

그리고 아름다움, 행복, 성공은 아득히 먼 곳에서 빛나는 북극성으로 삶의 푯대가 된다.

그것을 향해 앞만 보고, 위만 보며 달리는 삶. 그러다 문득 한순간 멈춰 서며 우린 우리에게 묻는다. 잘 가고 있는 건가? 이게 정말 내가 원하던 삶의 전부인가?

그 지점에서 비로소 보게 되는 옆과 뒤. 나를 들어 올리느라 희생을 아끼지 않던 내 뒤에 남겨진 부모와 사람들. 과거 속에 흘려보내고 모른 척했던 그 모든 것이 멈춰선 내게 들어와 다시 묻는다. 내 옆에서 나를 지키던 형제들과 친구들, 내가 모른 척 스쳐 지나온 많은 것들에 대한 사랑은 어디에 있는가 묻는다.

삶에서 길을 잃을 때가 한두 번이던가.

당황할수록 점점 길에서 멀어졌다. 이때는 조용히 뒤로 물러나야 한다. 어찌할 도리가 없을 때, 그때가 바로 자신의 신념을 믿을 때고, 나에게로 돌아갈 때다. 인문학 책은 내게 뒤와 옆을 돌아보게 한다.

성공으로 대표되는 부의 향유. 과연 우리 사회의 부자들이 얼마나 모아 놓은 돈과 부를 제대로 향유하고 있을까? 쓸 줄 모르는 부는 쓸모없는 성공이다. 부유하지만 그래서 가난하다. 아무것도 아닌 그것에 우린 목숨을 걸었다. 그것들 또한 삶의 목표가 되는 전부였지만 아무것도 아니다. 오히려 잃을까 겁이 나서 꽁꽁 숨기느라 마음의 여유를 앗아간 그것은 이미 자유를 구속하는 황금족쇄였다.

우리가 일을 하는 게 아니라 일이 우리를 끌고 가고 일에 속박이 된 우린 자유를 잃는다. 사랑을 사랑할 뿐 정작 사람에게서는 상처받을까 두려워 다가가지 못하고 이기심의 발톱을 세운다. 가장 아프게 하는 사람이 가장 가까이의 사랑하는 사람이라는 사실 때문에 사랑은 의미를 잃는다.

우리가 인생을 사는 게 아니라 인생이 끌고 다니는 소용돌이 속에서 삶의 의미를 상실한다. 행복과 불행조차도 찻잔 안의 소용돌이에 불과한 것이 인생이다. 이 갇힌 세상에서 아무것도 아닌 것을 전부로 믿고 갈망할 수밖에 없는 우리는 껍질을 깨고 새로운 세상으로 우릴 이끌 꿈이라는 것에 전부를 건다. 보이지 않는 경계를 넘어서야 이 모든 아무것도 아닌 것들이 의미를 가진 전부로 다가온다.

꿈, 희망, 사랑을 찾는 우리를 가슴은 수시로 저울에 단다. 깃털처럼 가벼운 존재, 아무런 무게도 갖지 않는 게 인생이다. 이 불편한 진실 앞에 우리를 세우는 시간. 그렇게 나는 오늘도 요가시간의 마지막 소리, 나마스테를 읊조리며 아무것도 아니지만 전부인 그것을 갈망하고 기다리는 나와 만난다.

급변하는 세상. 세상을 쫓아가기에 급급한 현재를 살면서 조급하고 절박한 우리는 아직 오지 않은 미래를 기다린다. 아무것도 아니면서 전부인 우리들의 미래, 그것을 기다린다.

내게 모든 것이 무상하며 지나갈 뿐이라고 가르치는 종교는 기다림을 멈추라고 속삭인다. 시간이 멈춘 곳에 서라고 한다. 그러나 일상의 잡다한 것들은 우리를 바쁘게 할 뿐 궁극적인 가치를 갖는, 전부일 수 있는 삶에 대해 생각할 시간을 허락하지 않는다. 그 속에서 듣는 요가시간의 나마스테 한마디가 나에게 마음의 성전을 쌓으라고 한다. 그

것만이 아무것도 아니면서 전부인 것들을 만날 수 있는 길이라고 한다. 신을 찾으라 한다. 내 속의 신, 그것은 사랑, 성공, 희망들의 또 다른 이름이다. 인생이 갖는 끝없는 공허함에 대한 답을 찾고자 하는 열정을 품은 신이다.

아무것도 아니면서 전부인, 그래서 기다릴 수밖에 없는 그것은, 내 마음의 신은, 머리를 비우고 마음을 비워야 찾을 수 있는 것이다. 그게 삶이다.

수시로 나를 저울에 다는 가슴은 말한다. 삶 또한 순례에 불과하다.

아무것도 아닌 그것이 함량 미달인 나다.

  사막처럼 텅 빈 삶. 아무것도 아니면서 전부인 그것, 사랑, 꿈, 소망, 성공, 마음속 신.

  꼭 올 것을 믿지만 아직 오지 않은 그것이 삶의 고비 사막을 건널 수 있게 한다.

  모든 힘을 다해 몰두한 순간들. 하지만 해가 지기 시작한다.

  열정은 얼굴을 바꿔 의무라 불린다.

  내가 원하는 것이 내가 해야만 할 일로 바뀌고

  한때 놀라움이던 일이 습관으로 바뀌어 있다.

  앞을 내다보는 대신 뒤를 돌아본다.

  내게 남아 있는 게 무언지 인생의 재고 조사를 하는 시기.

  이때 진정한 반전이 이루어진다.

                                             - 칼 융 -

  난 그의 말을 믿는다. 아무것도 아니면서 전부인 삶을 위해.

뜨거워지는
물속의 개구리

가능한 한 불필요한 생각을 머릿속에 담지 않으려 한다. 눈에 보이지 않는 것은 걱정하지 않으려 한다. 이것이 내 생각의 사용설명서인 '삶의 최적화하기'다.

생각이 너무 많으니 꼭 뜨거워지는 물속의 개구리마냥 죽을 듯 숨이 막히곤 한다.

내가 어디에 있고 얼마나 성공했는지는 중요하지 않다. 어떤 일을 하고 어떤 상황인지도 중요하지 않다. 중요한 것은 내 옆에 누가 있는가이다. 날 이해하고 말하지 않아도 아는 따뜻한 사람의 존재. 이것이 없는 순간 난 뜨거운 물속에 던져진 개구리 같은 존재다. 외로움으로 곧 숨 막혀 죽을…. 끔찍한 공허의 시작이다. 변함없이 중요한 건, 이 뜨거워지는 물속에서 날 구할 존재는, 따뜻한 친구 같은 사람뿐이라는 것이다.

열정이 서서히 꺼져 가고 있다. 도전에 대한 열망은 이 나이에 다시 실패하면 일어설 수 없다는 생각에 주눅이 들어 있다. 인생을 다시 움직일 성장에너지가 꺼지는 줄도 모르고 매일을 그저 그렇게 보낸다. 내가 죽는 줄도 모르고 꿈과 도전이라는 성장동력을 놓아 버린 나는 서서히 뜨거워지는 물속의 개구리다. 자신이 죽어 가는 줄도 모르고, 아니면 알면서도 그 불편한 진실과 마주 서고 싶지 않아서 비겁하게 피하는 나이. 온갖 합리화는 다 갖다 붙이며 위안을 삼고 시간을 허비하다 조만간 죽을 것이다. 서서히 뜨거워지는 물속의 개구리처럼 죽는 줄도 모르고 있다 소멸할 것이다.

사람과 내 속의 엔진인 열정만이 이 뜨거워지는 물속에서 죽을힘을 다해 튀어 오르게 한다.

맥켄지의 공포마케팅이 시작되었다고 한국의 모든 언론들이 입을 열었다. 권위 있는 경제컨설팅 회사의 비유 앞에 한국은 지금 불편하다.

"북한의 핵보다 한국경제가 더 문제다. 경제성장의 엔진이 꺼져 가는 한국은 뜨거워지는 물속의 개구리와 같다."고 일갈하자 모두들 이 불편한 진실을 외면하고 싶어 한다. 이 회사가 말한 성장동력이 꺼져 가는 한국의 현실이 내 인생의 처지와 맞닿아 있다. 신 성장동력을 찾아 창의경제를 해야 한다고 부르짖는 정부의 위기감에서 내 인생의 성장동력은 어디서 찾을 것인가의 고민에 빠진다. 지금 현재의 세상을 지배하는 경제 패러다임과 삶의 성장동력인 열정이 꺼져 가는 내 삶이 맥을 같이하고 있다.

현재를 살며 다시 한번 인생의 성장동력이 필요한 나는 세상으로부터 배운다.

내가 커 온 시대는 엘리트주의의 무한 경쟁시대였다. 모든 게 서열화되고 일등이 아니면 안 되는 치열한 경쟁의 시대에 나 아닌 모두가 적이었다. 남이 죽어야 내가 사는 제로섬 게임의 경쟁시대 속에서 내가 컸고 우리나라의 산업화 시대가 꽃피웠다. 그 속에서 한 번 이류면 영원한 이류였다. 패자부활전이란 없는 경쟁 제일주의 속에서 오직 논리와 수학으로 무장한 분석주의자만이, 배경이 튼튼한 자만이, 일등의 원 안으로 들어갈 수 있었다.

감성은 쓸데없는 낭비였고 피 터지게 외우고 암기하고 남을 밟아야 서열의 맨 앞자리에 설 수 있는 시대를 산 나에게 지금 벌어지는 세상은 적응하기가 힘들 만큼 낯설다.

감성과 인문학의 시대라고 한다.

지금 미국의 신 성장동력은 엘리트 위주의 동부 아이비리그에서 서부로 이동했다. 서부의 실리콘 밸리를 중심으로 한 IT산업은 모두들 구글을 따라 하고 애플의 일거수일투족에 촉각을 곤두세우고 그들을 벤치마킹하기에 바쁘다. 새로운 성장동력을 서부에서 찾은 미국. 그들의 개방과 창의성, 소통과 놀이, 공유와 협업은 완전히 새로운 패러다임이다.

탐욕과 승진 인센티브를 향해 달리는 엘리트주의에선 도저히 싹틀 수 없는 스마트한 4차 산업의 세상이다. 모든 세상이 하나로 연결된 웹의 시대는 오직 창의와 혁신적 사고를 가진 젊은 열정으로만 실현

가능하다. 난 이것도 저것도 아니다. 엘리트도 아니고, 혁신적 사고로 무장한 디지털 노매드도 아니다.

우리들 인생의 성장동력도 이들 혁신적 창조경제의 생태계 속에서 예외일 수는 없다. 뜨거워지는 물속의 개구리처럼 서서히 죽어 가지 않으려면 사고의 틀을 바꿀 수밖에 없다.

무조건 밤을 새우고 토씨 하나 빼지 않고 외워 가서 그 다음날 시험지 위에 다 토해 놓아야 일등을 할 수 있던 우리들 시대의 공부 방법

을 낯설어하는 지금의 젊음들. 그들은 다른 시대를 살고 있다. 여전히 하버드를 꿈꾸는 엘리트주의 속을 살아가고 있지만 성공방정식이 달라졌다. 경쟁시대의 아이비리그 학벌이 장식일 순 있지만 그것이 성공의 필수가 아닌 세상이다. 우리들 시대엔 한번 서울대면, 하버드면, 영원히 그것을 우려먹고 살았다. 그러나 지금은 다른 시대다.

그러니 인생의 패러다임도 바뀌었다. 뜨거워지는 물속의 개구리는 나이를 의식하고, 미리 알아서 사회의 가장자리로 밀려난 인생이다. 죽는 줄도 모르고 죽어 가는 인생을 살고 싶지 않다면 인생의 새로운 성장동력을 찾아 나설 일이다.

따뜻한 사람과 열정.

이들 인생의 성장동력을 찾아 어디로 떠나야 하나….

대부분 꿈을 통해 자신의 삶을 바꾸는데, 난 내 꿈을 통해 세상을 바꾸고 싶었다. 불행히도 지금 난 점점 뜨거워지는 물속의 개구리 신세다.

종교를 사이에 두고
신에게 묻는다

어디에서도 길을 찾을 수 없을 때 삶의 근원적인 물음을 신에게 물을 수밖에 없다. 그러나 질문은 반복되지만 여전히 답을 얻을 순 없다. 이렇게 우리들 삶의 질문은 강물처럼 흐르고 얻지 못한 답은 신앙으로 남는다.

"제2의 커리어로 목회를 택했군요. 이유가 있나요?"

MIT를 나온 전형적인 엔지니어 출신의 교수. 그에게 신은 인문학에서나 나오는 신화 속 존재였다. 끊임없는 삶에의 질문들은 여전히 답을 알 수 없는 채로 그냥 두는 게 낫다고 생각했다. 항상 종교라는 것을 사이에 두고 삶의 의미에 대한 질문을 던졌지만 신은 말이 없었다.

순진무구한 내 돌직구에 그는 당황한 빛이 역력하다. 그럼에도 불구하고 친절한 미소를 잃지 않는다.

"정직한 삶은 우리 사회의 기본이며 내 삶의 기본명제였죠. 그런데 모든 게 혼란스런 삶이 되어 버렸습니다. 내 앞의 생은 그리 순진하지 않았어요. 정직하니 칭찬받는 것은 어린 시절 동화 속 이야기일 뿐인 현실과 마주쳤을 때 난 누군가에게 답을 물어야 했어요. 신이었지요. 그런데 여전히 질문에 대한 답은 없어요. 그래서 신을 알고 싶었어요. 종교라는 것을 가운데 두고 우리가 만나는 신에게 난 묻고 싶은 게 많은 사람이에요. 대답이 되나요?"

그러면서 자신의 이야기를 끄집어냈다.

내 무식한 돌직구에 아직 순수함을 버리지 못한 그가 고해성사를 하듯 속내를 내비쳤다. 대학의 교수로, 대체에너지를 연구하는 과학자로 있는 그를, 어바인의 한 벤처회사가 삼고초려하듯 애걸하여 기술담당의 CEO로 그를 영입했다. 석유나 석탄에 의존하는 화석에너지에서 미래의 신 에너지원으로 태양열과 바람, 수소에너지를 연구하는 그가, 이윤을 최고의 덕목으로 삼는 기업인 벤처 캐피털에 리더로서 몸을 담게 됐다.

새로운 개념의 월등한 품질인 솔라 패널을 개발해서 시장에 내놓으면 문제없이 잘 팔릴 줄 알았다. 많은 돈과 연구진들의 노력으로 성공이 가시화되자 전혀 생각지 않은 곳에서 복병을 만났다. 태양열이라는 것이 본디 인간의 힘으로 컨트롤할 수 없다는 근본적인 핸디캡 외에, 중국의 저렴한 제품의 물량공세에 미국시장이 망가지면서 그동안의 노력이 물거품이 되고, 그는 돈을 댄 투자자들 앞에 죄인이 되어야 했다. 그런데 문제는 다른 데 있었다.

상어처럼 피를 보고 달려드는 금융시장의 큰손들인 벤처 캐피털들이 나처럼 순진무구한 돌직구로 사과하는 그를 순진하게 받아주지 않았고, 물어뜯어 버렸다. 더욱 그를 기가 막히게 한 것은 그들의 잔혹한 비난이 옳다는 것이었다.

기업을 살리기 위해서는 기업의 리더였던 그는, 몰라도 아는 척할 줄 아는 영악함이 필요했는데 아직은 순진한 과학자, 엔지니어였다는 것.

그 바닥의 생리가 원래 진짜 실력보다 실력 있어 보이는 걸 더 쳐준다는 것을 몰랐다. 그의 학벌이, 그를 선택한 투자자들의 기준이었다는 것을 느끼면서도 그것을 경멸했던 그 자신의 잘못을 인정해야 했다.

현실의 생존경쟁의 장인기업에서 리더의 배경과 인맥, 멋진 외모와 현란한 처세술이 조직의 경쟁력이라는 것이 투자자들이 그에게 가르쳐 준 교훈이었다. 그런데 이 순진한 대학교수는 착한 돌직구만 날리다 기업의 생존을 흔들며 투자자들에게 손실을 입혔으니 할 말이 없었다.

정직 하나만으로는 조직을 장악할 수도 없고, 험난한 외풍으로부터 조직과 회사를 지킬 수도 없다는 뼈저린 교훈을 얻은 뒤 그는 신에게 물을 수밖에 없었다.

여전히 답은 없다고 했다.

"목회도 쉽지 않을 텐데요? 수많은 사람들이 각자의 이익을 위해 모여드는 곳이 교회며 절이 아닌가요? 순진하고 정직한 돌직구만으로 영혼 비즈니스인 교회를 운영할 수 있을까요?"

영혼 비즈니스라는 내 말에 그는 또 한 번 총을 맞은 듯 얼굴에 매우 아픈 실망의 어두운 그림자를 만들었다.

힘없이 고개를 돌리던 그가 성경의 한 구절을 내 앞에 들이밀었다.

사람이 마음으로 믿어 의에 이르고, 입으로 시인하여 구원에 이른다.

－ 로마서 －

 "'사랑해'라는 말은 입 밖으로 낼 때 효력을 내죠. 내 전공과 관련된 다른 할 일이 있을 것 같고, 사람과 씨름해야 하는 목회라는 게 진정으로 하기 싫다는 생각들이 앞서거니 뒤서거니 머릿속을 헤집고 다닐 때 난 이 성경 구절을 봅니다.

 선택보다 더 어려운 건 때로는 쥐고 있는 것을 놓아 버리는 일이에요. 지금의 내가 한계라면 넘어설 것인가, 아니면 모자란 한계를 받아들일까를 결정해야죠. 사업이 그랬어요. 내 버리지 못하는 정직한 돌직구에 다른 사람들의 돈을 잃고 직장을 버리게 했다면 그게 내 한계예요.

 그것이 지금 종교를 사이에 두고 신에게 물은 내 질문이고, 내가 얻은 답이에요."

나이마저
아픈 나이다

    상하이 번드 지역. 돈과 시멘트 냄새만 자욱한 그곳. 하얏트 호텔 32층. 젊은 중국청년들의 클럽에서 자정까지 그들과 어울리며 난 문득 아픈 나이가 되었음을 의식했다.

    너무 많은 사람들과 5층 높이의 아찔한 건물 2중 3중의 도시 고속도로마저도 너무 많은 차들로 막혀 멀미를 했다.

    사람과 자동차와 시멘트 건물들, 그 위에 공산당이라는 거대권력의 통제 속에 밤 10시면 꺼지는 휘황찬란한 야경을 입힌 인위적인 도시에서 난 멀미를 했다. 사람이 빠진 거대도시. 나이마저 아픈 난 그 속에서 이물질처럼 굴러다녔다.

    "사람이 싫음 중국엔 오지 마세요."

    분명 가이드가 내 얼굴을 읽은 것 같다. 지당하고 지당했다.

    루쉰 공원의 윤봉길 의사 매헌당이 없었다면 올 이유가 없었다. 휴식을 위한 도시가 아니라 역사탐방이라는 사실을 잊었다. 나이도 아프고 몸도 아픈 역사탐방 여행이었다.

인생의 마지막 정거장엔 과연 무엇이 올까?

젊은 시절의 죽음에 대한 부정, 결코 죽지 않을 것 같던 생각은, 중년기라는 죽음의 확실한 보증 위에 서 있다.

정신없이 트랙을 돌던 선수에게 이제 한 바퀴밖에 안 남았다는 최종신호. 이 종소리는 과연 끝이 다가왔다는 소리일까, 아니면 새로운 여행을 준비하라는 신호일까. 서울로 향하는 상하이 공항에서 내내 이 화두를 붙들고 홀로 서성였다.

삶이 덧없다는 느낌으로 아픈 나이가 중년이다. 먹고사는 게 해결되었다고 비참함이 없어진 건 아니다. 각기 다른 나라들과 민족성과 지정학적인 사정이 있다. 사대의 예로 무릎 꿇어 살아남은 중국, 치욕스런 식민지 기간을 갖게 한 또 다른 이웃 일본 사이에 낀 한반도에 태어나 이제 삶의 마지막 종착역을 향해 가는 나를 보게 만드는 게 상하이 홍구 공항이었다.

삶이나 사회의 불공평한 운명에 대한 저항도, 좀 더 성공적인 삶을 갈망하며 밤을 하얗게 새우는 것도, 삶이라는 거대한 강의 수심을 짐작해 보려는 내 나름의 돌팔매질에 불과하다. 삶의 강줄기 위에서 작디작은 돌 하나 던지며 수심을 짐작하려던 나.

돌팔매질 한 번에 수십 개의 나이테가 수면에 그려진다. 그렇게 내 삶의 수면에 여러 개의 세상이 지나간다. 돌을 던질 때마다 수면은 주름치마처럼 구겨지다 이내 본래의 모습으로 돌아간다. 이렇게 삶의 강둑에 앉아 작은 돌팔매질로 삶의 깊이를 가늠하고자 하던 나는 어느새 나이마저 아픈 나이가 되었다. 수면에 생겼다 지워지는 나이테처럼 내 인생의 돌팔매질은 자취도 없이, 기억하는 이 없이 소멸할 것임을 본다. 그렇게 삶의 강물은 우리들의 상처와 열망을 끌어안고 더 깊이, 여러 시대를 흘러오고, 지나가고 있다.

개방적 어른에 대한 갈망으로 삶의 멘토가 되길 소망했던 걸 잊고,

그냥 중년의 답답한 노인의 삶 속으로 흘러가고 있다. 동시대를 호흡하고 젊은 세대의 감성을 지닌 어른이 되고 싶었다. 기본에 충실하면서 트렌드를 따르는 삶을 가진 어른. 난 실패한 듯하다. 젊음들은 소통에 목마르고, 그들이 뜨거움으로 열망하는 어른의 삶을 보고 싶어 하는데, 지금의 난 비루하다. 눈에 보이는 성공이 아닌 동시대를 호흡할 어른을 원하는 그들에게 소통이 막힌 내가 비참하다.

인생은 꿈과 인내로 이루어져 있고, 이 두 가지를 놓치지 않는다면 놀라운 성취와 만나리라는 것을 내 젊은 날의 어른들로부터 들었다. 그런데 난 아직도 이루지 못한 꿈을 향해 가는 나이마저 아픈 중년의 언저리에 있다. 삶의 강물이 이런 우리의 꿈과 절망과 상처와 아픔들을 다 끌어안고 지나고 있는 것을 본다.

내 청년시절의 산업화 기치가 지금의 인터넷 세상으로 바뀌고, 난 시대의 부적응자로 시대의 변두리를 헤맨다. 이베이라는 가상의 마켓 세상에 적응할 만한 시간이 되었는데 이젠 앱과 아마존의 세상이다. 눈이 돌 만큼 빨리 변하는 세상에서 지금의 1년은 지난 10년의 변화보다 빠르다. 애플과 구글의 양대 산맥이 만들어 내는 새로운 일자리, 신개념 사업을 창출하는 앱 스토어의 앱이 70만 개가 넘는데 내가 이용할 수 있는 앱 수는 손가락을 꼽는다. 20세기 말의 자동차산업처럼 무한 잠재력을 가진 정보산업화에서 소외된 장년. 나이마저 아픈 쉰 언저리 삶의 자화상이다.

그래서 작은 돌 하나라도 던져 삶의 무게를 가늠하고, 존재의미를 찾고 싶은 슬픈 나이다. 그러나 작은 돌을 던질 때마다 주름치마처럼 구겨지는 수면은 금방 본래의 삶의 모습으로 돌아간다. 내 삶의 의미는 이렇듯 속절없다. 그렇다고 누군가처럼 도시락폭탄 하나 가슴에 품고 초개처럼 목숨을 버릴 용기도 없다. 그는 그렇게 역사에 이름 한 줄 올리고 영원히 사는데 난 이름 없는 민초로 사라질 것이다.

조급하다. 제대로 어른 노릇도 못한 채 나이가 들다니…. 속도를 늦추려 노력하고 있다. 속도와 느림, 결단력과 우유부단, 그 모든 것들이 정반대로 향하고 있지만 실상은 동전의 앞뒤처럼 양면성을 동시에 갖는 게 우리의 삶이다.

삶을 빈틈없이 살겠다는 오기로 돌팔매질을 했지만 삶의 강물은 작은 주름 하나 만들다 금방 본연의 삶 자체로 돌아갈 뿐이었다. 삶의 강줄기에서 언저리로 벗어난 슬픈 나이다. 꿈을 꾸고, 실력을 닦고, 소통에 목마른 젊음들이 열광할 수 있는 어른이 되고자 했지만, 그들이 만나길 원하는 개방적 어른이 되지도 못한, 나이마저 슬픈 시간을 지나고 있다.

Part 2

𝒢
'여기'라는
현실을 이기는
'저기'라는 꿈

험한 언덕을 오르려면
처음에는 천천히 걸어야 한다.
— 셰익스피어 —

어디에나
승자와 패자가 있다

"세상에… 이런 곳에서 이렇게 이런 방식으로 사는 분들도 있다는 걸 처음 봤어요. 우리랑 사는 세상이 달라요. 길 건너 회사에서 미팅이 있듯 러시아로, 밀라노로, 또 제네바로…. 나이 70을 넘긴 물리학자. 닥터 보이드의 삶을 들여다보게 된 건 큰 영광이에요.

어젯밤 함께 집안에서 드론을 날리고 베란다의 수영장에서 수영 후 먹은 스테이크는 잊지 못할 거예요. 스테이크 위에 찍힌 보이드라는 글자도 멋있었어요. 저 노인 분이 천재 물리학자라니…. 잠시 들른 저분의 회사에서 학문적 카리스마가 묻어나던 아우라를 잊을 수 없어요. 두 분만 사는 이 거대한 저택. 게스트하우스가 너무 멋있어요. 허름하고 오랜 연식의 재규어로 우릴 데리러 오셔서 시골 할아버지 댁을 가는 듯했는데 이런 저택이라니….

젊고 미숙한 애송이 젊은이의 말을 경청하고 내 수준에 맞춘 학문적 답을 해주셨어요. 진정한 어른은 이래야 할 것 같았어요. 엄마가 이분들 이야기할 때 난 그냥 또 우리를 자극하기 위한 엄마의 잔소리라고만 생각해서 심드렁했는데….”

“어디에나 승자와 패자가 있어. 물리학이라는 분야에서 엄청난 업적을 이룬 이분은 승자겠지. 그러나 모든 것엔 명과 암이 있단다. 내가 널 여기에 데려와 이분들을 소개시키는 것은 다른 목적이 있어서야. 이제까지 학교라는 울타리에만 있던 너에겐 분명 충격이고, 고작해야 부자들이란 람보르기니나 타고 비벌리힐스 큰 집에나 사는 그런 사람들뿐인 줄 아는 너희에게 나이가 일흔이 넘은 과학자가 아직도 발명가의 길을 왕성하게 걸어가고 노벨상을 주기 위한 준비작업으로 스웨덴의 왕립협회에서 사람들이 온다는 상황. 우리와 동시대를 살지만 분명 다르지. 난 어떤 의미에서 패자야.

모든 것이 이제까지 네가 산 세상의 상상을 벗어나는 영역에 있는 분들이다. 무엇을 느끼니? 이분들을 만날 때마다 난 열등감을 넘은 그 무엇으로 자극을 받아왔어. 네가 그랬으면 해. 인생 어디에나 승자와 패자가 있기 마련이지만 이분들의 삶은 내가 할 수 있는 경쟁 밖의 세상이지. 내 인생의 전환점을 전략적으로 바꾸어야 한다는 자극을 이분들을 만날 때마다 받는단다. 너와 네 형들이 그걸 느꼈으면 해.”

왜 아닐까. 자신이 개발한 신체탐지기계 회사인 인 비전을 일억 불에 GE에 판 후 새로운 첨단기계의 발명을 위해 라스베이거스로 이사 온 분들이다.

이 세계적인 물리학자를 나조차 간혹 이웃집의 은퇴한 대학교수 부부로만 여기고 있었고 우린 허물없이 나이를 넘어 친구가 되었다. 그분들의 존재는 내 삶의 도전심을 전략적으로 바꾸게 독려했다. 굉장한 행운이었다.

이분들의 집을 방문할 때면 삶에 대한 전략을 다시 세워야 한다는 자극을 받고, 어떤 땐 내가 완전한 인생의 패자가 아닌가 하는 루저의 심정이 되곤 하는데, 이 젊은 영혼이야 어떠할까 이해하고도 남는다.

라스베이거스의 번쩍거리는 호텔 스트립을 뒤로 두고, 커다란 인공호수 위에 지어진 저택. 단 두 분이 노후의 한때를 보내는 집이 이토록 커도 되는지와 닥터 보이드의 새로운 회사 연구실을 둘러보면서 그곳 연구원들이 세계 최고의 숨겨진 브레인이라는 데 우린 너무나 놀랐다. 물리학을 이용한 첨단 의료기기 개발에 대한 사업적 기반의 거대함에 충격을 받았다.

나 또한 예외는 아니다. 일흔이 넘은 노과학자의 브레인이 아직도 젊음 못지않게 혈기왕성하다. 그것을 보는 나는 충격이다.

지레 겁먹고 미리 늙은이 흉내를 내고 있던 나. 자신이 없어서였을 것이다. 남들이 "그만하면 성공한 인생이다."라고 말해 주는 위로를 방패삼아 세상의 경쟁에 자신이 없는 난 패자의 위치를 그럴듯한 승자의 삶으로 포장하고 그 뒤에 비겁하게 숨어 있다. 이 노과학자의 모습은 나를 부끄럽게 한다. 제도 속에 안주하며 이미 기득권, 기성세대가 된 그 원 안에서 끼리 끼리만의 삶에 만족하려 했던 내 비겁함. 이분들 앞에선 난 패자다. 그러나 다시 일어나는 한 아직 승자가 될 기회가 있음을 일깨워 준다.

상상할 수 없는 숫자의 돈이지만 중요한 것은 돈을 쓰는 방법이라는 것을 이 젊음은 배운다. 부부의 이름으로 만든 자선재단이 음악가들을 지원하고, 아프리카 가난한 나라에 병원을 지어주는 일들…. 왜 많은 돈을 벌고 성공을 하는 것이 영예로운지를 보여준다. 그렇기에 오페라를 보기 위해 이탈리아를 가고, 라스베이거스의 대저택에서 사는 것이, 그들에게 결코 호사스럽거나 사치스럽게 보이지 않는다. 지적 품위와 자선을 바탕으로 한 배려가 기본이 된 성공적인 삶의 방식이 그들을 승자의 삶으로 만드는 탓이다.

저마다의 생각이나 다른 주장들은 우리를 갈라지게 하지만, 똑같이 느끼고 자극받는 생각과 꿈은 우리를 한 생각으로 묶는다. 적어도 나와 경은 오늘 같은 꿈을 꾸며 같은 방향의 세상을 본다.

라스베이거스의 그분들 집의 게스트 룸은 벨라지오 호텔 룸보다 아름답다. 그곳엔 인생의 방향을 우리가 상상하지 못하는 쪽으로 살고 계신 노부부가 있기 때문이다.

다음 날 라스베이거스를 떠나 집으로 돌아오는 길. 말없음 속에 수많은 말들과 생각들이 오가고 있음을 우린 감지했다. 각자의 생각으로 고요한 차 안에서 적막함에 집중하는 시간들. 데스밸리 사막의 길 위에서 외로움과 적막함에 집중하면서 우리는 시선과 동작을 마주치지 않고 우리만의 공간에 있었다. 단순한 승자와 패자를 넘어서는 새로운 세상이 있음을 보고 난 후의 충격이 우리를 적막함 속에서 집중하게 했다.

어디에나 진정한 승자와 패자가 있는 법. 우린 그분들처럼 그 한계를 넘어서고 싶었다.

   늙음은 격리되어야 할 두려움의 대상이 아니다. "청춘은 진즉에 끝
났고 이제 계절은 소멸을 향해 간다."라는 암묵적 합의가 나를 패자로
만든다.

   "이 나이에 새삼스럽게 다시?"라는 말로 스스로를 버리지 말길 바라
는 게 70이 넘어서도 왕성하게 일하는 승자인 닥터 보이드의 말이다.

그거 있잖아요,
그거

"그거 있잖아요, 엄마. 그거."

"그래, 맞아. 그거."

우린 알았다. 이보다 더 정확한 표현은 없다.

'삼풍의 막내들'끼리인 승표와 시간을 보내고 온 오후, 가만히 내 방으로 들어온 경이 십여 년 만에 미국에서 만난 어릴 적 꼬마친구 승표에 대한 표현이었다.

깊은 생각에 빠진 젊음. 어릴 적 그 수다스럽고 활기 있던 꼬맹이 승표가 아니라 내면으로 침잠된 승표의 깊은 눈매 속에 자리한 본질적인 인생에 대한 탐구, 인생을 고민하는 젊은 영혼의 아름다운 고뇌를 우린 똑같이 이심전심으로 알아봤다. "그래, 그거."로.

자기들끼리 차를 타고 산타모니카를 다녀오면서 나눈 이야기들이 십여 년의 시간과, 서울과 미국이라는 공간을 초월한 우정으로 거기에 있음을 보았다. 오레곤의 리드 대학으로 유학을 온 승표, 어린 시절 함께 유년의 추억을 만들었던 서초동 삼풍 아파트의 그때로 둘은 타임머신을 타고 돌아간 듯했다.

"승표의 생각이 많이 깊어요. 설명하지 않아도 통하는 이런 느낌을 우정이라는 말로 표현하기엔 부족해요. 그냥 '그거'면 돼요."

"삶에 길을 잃은 듯 막막해. 길을 찾으려 애쓸수록 점점 길에서 멀어지는 느낌이 싫었어. 그래서 네가 있는 어바인에 왔어. 이럴 땐 조용히 뒤로 물러나 좀 멀리서 봐야 할 것 같았어."

"그래, 어찌할 도리가 없다고 느껴질 땐 그래야 해. 이때야말로 우리 자신에게 길을 물을 때지."

순간의 표현을 통한 판단이나 이해를 만드는 것은 경험을 통해서 나온다. 어릴 적 함께 공유했던 경험과 느낌들 때문에 승표와 경이 사이엔 많은 말들이 필요 없었다.

"그거 있잖아." 하면 "맞아, 그거."면 충분히 아는 것들.

다른 사람들을 만나면 수많은 말들로 설명해야 하는 그 모든 과정을 뛰어넘는 '그래, 그거'엔 신기한 마술이 숨어 있다. 단 한 마디에 시공을 초월해서 이해되는 이것. 문득 새로 시작해야 하는 모든 관계가 피곤해졌다. 오래될수록 좋은 건 와인과 술이 아니던가.

"승표와 내가 그랬어요. 그거 있잖아 하면 승표가 알아들어요. 정말 짜릿한 경험이에요."

둘은 정말 보기에도 아까운 아름다운 청춘기를 지나고 있다. 승표가 겪고 있는 마음속 풍랑마저 너무나 아름답다. 어릴 적 우리가 부르

던 '홍 변호사, 서울 시장'은 이 젊음의 재기 발랄한 언변 때문이었는
데 지금은 안으로 침잠되어 내적인 자신과 수없이 많은 것을 이야기
하는 젊음으로 우리 앞에 있다. 그의 눈빛에서 나는 자신의 열정을 뿜
어내는 뜨거운 고요를 본다. 우리 나이의 성숙치 못한 이들이 어른이
라는 이름으로 만들어 내는 불미스럽고 미숙한 행태들은 제때에 뱉어
내지 못한 소년기의 열정 때문인지도 모른다.

　　제때 고민하며 불태워 버리지 못한 소년기의 미숙한 열정 때문에
나이가 들어, 공부나 하다가 어쩌다 '훌륭한 어른' 반열에 끼게 된 미
성숙한 어른들의 삐뚤어진 행동이 참사를 부르는 일이 얼마나 많던
가. "소위 욕망해도 괜찮다."가 성공한 자들의 합리화가 되고 진흙탕
소용돌이의 파문을 사회에 던진다. 젊은 시절 그들의 미숙한 소년의
열정을 털어 내지 못해서다. 홀로 고민하는 고뇌의 젊음 대신 그저 시
험 보는 기계로 자라서 폐쇄된 사회 속의 우물 안에 있던 개구리가 어
른이 된 후 문제를 일으킨다.

　　이 둘은 서로를 알아보는 눈을 가졌다. 깨끗하고 올바른 야망을 알

아보는 능력을 가졌기에 '그래, 그거'면 족한 젊음들.

왜 고민들이 없으랴. 마음속 갈등을 해결하기 어려워 오레곤에서 캘리포니아를 찾아왔을 승표. 둘이 함께 공유하는 젊음들의 고민은 '그래, 그거'로 통한 듯하다.

벽에 부딪치고 포기하고 싶을 때, 어디에서도 답을 구하기 힘들 때 찾아와 몸을 누이고 많은 설명이 아니라 "그거 있잖아." 물으면 "맞아, 그거."로 답하며 공감할 친구가 있는 동병상련의 젊은이들.

"지금 포기한다면 여기에 바친 네 노력과 시간들이 얼마나 아깝고 무의미한데. 이것은 꿈의 문제가 아니라 존재의 문제야. 우리들 삶이 그래. 오랫동안 우리가 되고 싶어 하던 그것을 포기하면 우리의 존재 자체가 근간부터 휘둘려. 그러니 힘내자. 중간에 포기하지 말자."

그 둘의 '그거'가 이런 의미였음을 난 그들이 띄엄띄엄 흘려 내는 어휘로 알아차렸다.

용감하고 현명한 젊은이들… 사랑스럽다.

결단코 이들은 우리 사회의 비뚤어진 자화상은 되지 않을 것이다. 획일화된 사회에서 시험 보는 기계로 공부나 잘하면서 늘 편협한 칭찬만 먹고, 획일화된 규범 속 우등생으로 성공가도를 달리는 좁은 사회에 살지 않는, 좀 더 넓은 세상에 발을 담고 공부하는 이들. 비록 지금 힘들어도 누구보다 올바르게 성장하여 제대로 된 어른으로 나이를 먹을 것임을 안다.

'그래, 그거'로 족한 친구 간의 우정을 나눌 수 있는 이들은 행운아다. 그들이 만든 아름다운 관계다.

50대는 지천명이라는
공자의 헛소리

늙지도 않는 욕망이 슬픈 나이. 안에서 회오리를 일으키는 질풍노도의 갈등과 인생에 대한 고민이 스스로를 죽이려 할 만큼 끔찍한 나이. 누군가는 사춘기의 그것보다 결코 작지 않다 한다. 아니 더 위험하다.

화려한 삶이 펼쳐지길 고대하던 젊음이 가고, 자식들을 향하던 시선을 나에게로 돌리는 시간이다. 삶이 전개되는 대로 받아들일 준비가 필요한 때를 지나고 있다.

아직도 사랑을 꿈꾸지만 만신창이가 된 현실은 너덜거리는 누더기처럼 널부러져 있다. 늙지 않은 마음과 열정에 비해 현실은 냉혹하다. 50대가 알아야 할 지천명은 슬픈 현실뿐이다.

누군가는 이걸 노추-노인의 질척거림이라 일갈한다. 세상을 알 때가 되었고, 스스로 뒤로 물러날 줄 알아야 하는데 아직도 욕망을 갈망하는 이기심을 버리라고 한 게 공자의 말이었을 것이다. 그의 말을 헛소리라며 무시하고픈 나이에 와 있다.

　　아무도 알아주지 않았다.
　　아무도 알려고 하지 않았다. 알아주기를 바라지도 않았다.
　　우리는 그때 그렇게 해야 한다고 생각했고 그리고 그렇게 했다.
　　내 살던 나라여! 내 젊음을 받아다오.
　　나 이렇게 적을 막다 쓰러짐은 후배들의 아름다운 삶을 위함이니
　　후회는 없다.
- 6·25 때 전사한 무명 학도병의 편지 -

　이것을 보며 왈칵 울음을 쏟는 나이. 푸른 청춘이었을 때 죽지 못함
이 회한으로 다가오는 나이. 그런 감정의 롤러코스터에 멀미가 난다.
　공자의 말을 믿으며 50이 되면 세상을 알게 되고 고뇌도, 삶에 대한
불확실성의 안개도, 걷힐 줄 알았다. 그러나 나이와 함께 더욱 커져
가는 갈망이, 늙지 않는 마음과 함께 지옥불처럼 괴롭다.
　웃으며 우는 것은 감정 노동자만의 것이 아니다. 체면이라는 굴레
때문에 웃으며 우는 50대에게 채워지지 않은 욕망의 갈증은 삶을
갉아먹는 좀비처럼 무섭다.
　물질과 감정과 언어가 넘치는 시대를 살면서 반대로 꼼짝할 수 없
는 현실과 대면하고, 넘치는 감정과 질풍노도의 폭풍을 안에서 삭이
지 못하는 50대. 넘치는 언어 속에서 오히려 소외된 자의 외로움에 떨
고 있다. 언제쯤 지천명의 시간이 올지, 오기나 할 건지를 묻고 있다.
　젊은 나이에 산화한 사람의 편지. 살았으면 딱 지금 우리의 나이일

이 젊음의 순수한 뜨거움. 그 앞에서 울음을 삼키며 서 있는 사람들. 그게 지금 우리다. 50대.

"그렇게 해야 한다고 믿었고, 그래서 그렇게 했다."며 전쟁터에서 산화한 젊음.

그와 달리 살아남은 자들에겐 노후의 5대 리스크라며 우리 사회가 경고하는 현실적 리스트가 있다.

창업하지 말 것, 금융사기를 조심할 것, 병에 걸리면 끝이란다. 황혼이혼을 당하지 않도록 알아서 기어라. 독립 못한 성인자녀들이 손을 벌리고 서 있는 현실의 리스크를 직시하라고 한다. 로맨스는 위험하고 창업도 하지 말고 금융사기를 당할 만큼 세상물정을 모르는 게 50대란다. 지천명의 나이라지만 그들이 알 수 있는 것은 별로 없다.

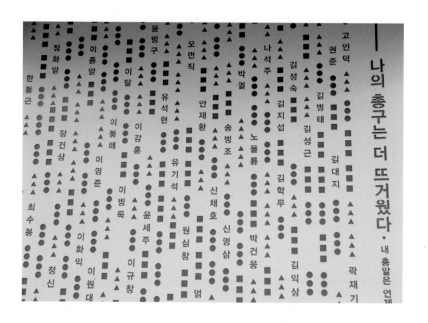

늙지 않는 마음과 뜨거운 열정으로 청년기의 어두운 터널을 지나 살아남은 이들은 도대체 어디서 그들의 존재의미를 찾을까?

그렇게 많은 사랑을 품고 있는데도 왜 이리 허전하고 외로운가를 묻지만 어디에도 답은 없다. 사랑이 아직 도달하지 않아서란다.

하늘엔 그렇게 많은 별들이 몇 광년의 세월을 두고 달려오는데 왜 그리 어두울까. 그것은 아직 별빛이 도달하지 않아서란다.

언제쯤 별빛이, 사랑이, 50대의 가슴에 도달해서 더 이상 외롭지 않고, 더 이상 어둡지 않을까? 50세가 아니면 얼마나 더 나이를 먹어야 지천명이 될까?

결코 알 수 없는 삶, 인생, 꺼지지 않는 마음속 열망의 불길….

디지털 시대, 아날로그 세대의 삶은 더욱더 어렵다. 자신의 존재이유를 묻지만 어디에도 답은 없다. 시대의 상징적인 존재로 가슴에 저장된 6·25의 산화된 젊은 친구들 앞에서 오늘도 50대는 삶의 존재이유를 묻는다. 세상이 무엇인지 묻는다. 그러면서 공자의 헛소리를 비난한다. 이렇게라도 위인으로 추앙받는 공자에게 한바탕 앙탈이라도 하지 않으면 견디기 힘든 이유는 이들 속에 자리 잡은 꿈에 대한 갈망 때문이다.

아잔 브라흐마는 욕망이라는 술 취한 코끼리를 길들이는 방법을 이야기한다. 욕망의 자유, 욕망으로부터의 자유를 이야기한다.

술 취한 코끼리 때문에 한순간도 평화롭지 못한 우리들 속의 열망에 대해, 그는 행복의 부재라 진단한다.

"술 취한 코끼리는 곧 행복의 부재에 대한 슬픈 증명이다. 그 코끼리가 당신 마음속에 살고 있지만, 당신은 그것을 마음대로 다룰 수가

없다. 술 취한 코끼리가 '행복의 부재'라는 술에 취했고 어느새 그것이
당신 마음의 주인이 되었기 때문이다."

맞다. 공자의 말을 꼬투리삼아 폭언을 쏟아내고, 젊은 학도병이 남
긴 편지에 과한 감정을 담아 울컥하며 감정의 롤러코스터를 타는 난,
내 속의 술 취한 코끼리를 잠재울 방법을 모르는 탓이다.

나는 남보다 잘났다는
원초적 본능

그곳에선 남자는 모두 강인하고 여자는 모두 미인이며 아이들은 모두 천재다.

소설 속 가상의 마을인 워비곤 호수의 이야기다.

어제 들어간 크리스탈코브 마을에서 문득 워비곤 호수마을을 떠올렸다. 들어가는 입구부터 비싼 코랄나무들이 도열하여 기를 죽이더니 검정 정장을 차려입은 잘생긴 백인남자들이 게이트 가드로 나와 매력적인 미소로 손님의 신원을 확인했다. 린다가 미리 게스트의 신원을 알린 탓에 품위 있게 기다릴 수 있었다. 웬만한 부자동네엔 이골이 난 나조차 주눅 들 만큼 세심하면서도 철저했다. 입구에서 2마일이나 차를 몰고 들어가야 하는 린다의 집에서 우린 21연습게임을 하기로 되어 있었다. 얼마 전 샌디에이고에서 제니스가 블랙잭 테이블에 앉아 아주 섹시하고 능숙한 모습으로 게임하는 걸 본 우리는 그걸 배우고 싶어 했다.

주말에 셋이 라스베이거스에 가서 섹시한 검정 드레스에 하이힐을 신고 '섹스 앤 더 시티' 영화처럼 여자들만의 우정을 나누다 올 것을 약속하자, 21게임을 배우는 것은 필수였다. 학교 선생님인 제니스는 21이라는 게임을 이용해서 학생들의 수학을 가르치는 까닭에 전문 도박사나 가질 만한 카드와 게임용 가방을 가져왔다.

그렇게 우리는 린다 집에서 21게임을 배우고 한쪽은 바다, 다른 쪽은 캐넌의 아름다운 뷰를 가진 린다의 정원을 거닐었다. 이웃에 골프 황제 타이거 우즈의 여름 집이 있는 등 IT 회사의 오너인 남편의 명성에 걸맞는 집과 이웃들이 사는 동네. 공원 잔디에 나온 젊은 엄마와 어린아이조차 영화 속 풍경인 양 아름답다.

"제니스, 무슨 동네가 이렇게 사람 기를 죽이죠? 우리 같은 사람이 사는 동네와는 비교가 안 되네요. 배우처럼 잘생긴 남자들과 미인들이 살고, 람보르기니나 페라리가 아무렇지도 않은 패밀리 차네요."

"…그럼 뭐해요. 저들도 따지고 들어가 보면 별거 아니에요…."

말이 꼬였다. 불편했을까? 자기가 넘보지 못할 세상을 사는 그곳을 보자 제니스는 불편했나 보다. 난 그곳이 처음이니 그저 충격이 다겠지만 린다와 오랜 관계를 맺었던 제니스는 좀 달랐을 것이다. 우리들속에 자리 잡은 원초적 본능을 숨기지 않았다.

저마다 나는 남보다 잘났다는 생각으로 사는데 그것이 상처를 받았으니… 그녀의 말없음이 이해가 간다.

경제학에서 가져다 쓰는 워비곤 호수 효과라는 개념이 한동안 나를 잡아당겼다.

독일의 심리학자 폴커 키츠는 회사가 직원들의 연봉을 공개하지 않는 이유를 이것을 이용해서 설명했다. 직원들 모두가 자신의 능력이나 가치를 터무니없이 높게 평가해서 자기보다 급여를 많이 받는 동료의 꼴을 보지 못하고 불만세력이 된다. 나 또한 오너로서 몸으로 겪은 이론이다.

그래서 나는 직원들의 연봉에 대해선 절대 발설금지의 명령을 내리는데 개인비서이던 멜린다의 수다로 직원 누군가의 급여가 공개되어 재능 있는 직원 둘을 잃었다. 끊임없이 회사와 나에게 불만을 나타내던 그들을 처음엔 이해하지 못했다. 개별면담을 하고서야 서로 차이가 나는 연봉에 의한 갈등이었음을 알았을 땐 이미 늦었었다.

오늘 제니스의 말없음에서 난 그것을 느꼈다. 내가 반응하면 그대로 우리의 우정에 금이 갈 것임을 직감적으로 느끼고 입을 닫았다. 남보다 잘났다는 원초적 본능은 나 또한 그녀와 다르지 않음을 안다. 다행히 회사를 운영하면서 뼈저린 경험을 한 후이기에 입을 닫아 관계가 망쳐지는 걸 막을 수 있었다.

친구들을 만나도 내 남편보다 잘나가는 다른 친구의 남편이 불편하고, 내 아들보다 일찌감치 성공적인 길을 가는 남의 아들조차 불편한 심기. 나, 내 아들, 남편이 남보다 잘났다는 이 원초적 본능 앞에 인간인 우린 자유롭지 못하다.

> 균형 잡힌 시선을 가진 자는 가장 매혹적인 걸음걸이로 자신의 생
> 을 거닌다.
>
> — 레이첼 카스 —

내가, 남보단 조금 낫다는 가장 원초적 본능을 극복해야 비로소 삶
의 우아한 걸음걸이가 시작된다. 라스베이거스 시저스팰리스 호텔의
클럽에 입장하기 위해 멋진 드레스를 입고 여기저기 줄 선 아름다운
여자와 남자들을 곁눈질하면서 그래도 내가 조금은 낫다는 자신감 하
나로 블랙잭 테이블을 떠나 그곳으로 갔는데, 린다 동네의 어마어마
한 분위기가 기를 죽여도 겉으론 태연한 척하며 있는데, 내 눈치 없는
솔직함이 그녀의 자존심을 다치게 했다. 하지만 우린 서로 균형 잡힌
시선으로 삶을 살며 가장 우아하고 매혹적인 걸음걸이로 나머지 삶을

함께 살아가는 우정으로 남길 바랐다.

　제니스의 21게임 레슨은 훌륭히 끝났고 조만간 라스베이거스로 실습여행을 가자며 허풍을 떤다.

　적어도 오늘 이 동네에서만큼은 모두가 품위 있는 부자고, 지적이며, 존경받을 만하다고 느낀다. 섬세한 집사들의 보살핌이 있는 위비곤 마을이다.

우리는 지금
넘치는 시대를 살고 있다

소냐와 미팅을 마치고 본 칼만 비즈니스 지역의 레스토랑에 갔다.
'비스타고'는 어바인의 비즈니스맨들 사이에서 세련된 인테리어와
유명 셰프의 음식으로 유명한 곳이었다. 들어서자마자 훅 풍기는 색
다른 분위기. IT회사와 금융회사들이 밀집한 지역답게 숨어 있는 레
스토랑의 은밀한 고급스러움을 즐기려는 사람들의 열기로 후끈했다.
대부분의 고급 장소가 그렇듯 일반인을 대상으로 하는 광고는 하지
않는 이곳을 이 많은 사람들이 어떻게 알고 찾아와 그들만의 점심시
간을 보내는지 궁금했다. 보고 만지는 것조차 아까운 리넨, 테이블 세
트, 센터피스 꽃 장식 등이 한 번 쓰면 버려질 소모품으로 있고, 문득
지나치게 넘친다는 생각을 하게 했다. 사람들의 고급스런 옷차림, 남
자들의 양복과 셔츠, 타이마저 위화감을 느낄 만큼 일반인들의 세상
과 달랐다. 사치와 명품은 일부 머리가 빈 여자들의 전유물 정도로 안
내 편견이 깨지는 시간이었다.

흐드러지게 퍼지는 여유와 농담들, 옆 테이블에 앉은 네 명의 신사들의 커다란 웃음이 질척거렸지만 유쾌했다. 아마도 남자들끼리의 진한 농담 한마디가 디저트처럼 오갔을 것이다.

"하이, 레이디스. 마실 것을 주문하시겠습니까?"

파란 눈의 백인 웨이트리스가 섹시한 모습으로 다가와 주문을 기다렸다. "리즐링 두 잔과 고트 치즈를 곁들인 비트 요리를 우선 주세요."

소냐는 모든 것이 넘치듯 흐르는 풍요와 세련됨에 젖은 듯했다.

맛있는 음식과 비싼 와인들, 블랙 슈트를 입고 테이블을 다니며 서비스를 묻는 지배인, 조금 과한 서비스와 스마일은 그들의 상술에 의한 것이라 한들 넘쳐서 나쁠 건 없다. 하지만 지나치게 넘치는 언어의 유희, 진하게 분칠한 웃음들 속에서 본질은 간데없고 알맹이가 빠진 듯 허전함을 느끼게 했다.

점심 한 끼의 식사를 위해 찾아간 레스토랑에서 만나는 삶의 단상이 일순 나를 휘감고 입을 닫게 했다. 너도나도 많은 말을 하고, 너무 많은 웃음을 흘리고, 테이블 세팅은 지나치게 화려하다. 그런 서비스를 위해 기꺼이 비싼 돈을 지불하고 호텔과 식당을 찾는 현대지만 지나치게 풍요로우니 외롭다. 문득 넘치는 시대에 평범한 본질을 탐하고 싶어졌다.

글이나 말도 수사나 형용사가 지나치면 경박하고 울림이 없다. 명품으로 휘감은 여자들의 옷차림은 순수의 품위가 없다. 넘치는 시대를 살면서 오히려 가난함을 탐하게 되는 이유다.

간결하고 평범한 말이 세상의 모든 시끄러운 말을 덮는 경험을 종종 한다. 그래서 선문답이 나오고 인터넷의 간결하지만 울림이 있는 말들이 우리의 시선을 잡아끈다.

사랑도 넘치면 마음으로 가까이 가는 것을 막는다. 본래의 꾸미지 않은 순수의 사랑을 말하면 정신병자 취급을 받는 세상에서 끊임없이 이벤트를 하고 사랑한다는 말을 하지 않으면 이상한 시대를 살고 있다. 수식이나 군더더기의 설명이 없을 가장 명징하게 열려 있고 본질에 가까운 그런 사랑을, 서비스를 잃은 듯하다.

아무 말 없이 밝은 미소 하나만으로 더 큰 감동을 일으킬 수 있는 서비스가 질척거리는 환대로 요란하다.

많을수록 좋은 것만은 아니다. 때로는 적을수록 좋을 때도 있다. 가장 단순한 게 아름답다는 이미지로 아이폰을 만들어 세상을 숨죽이게 한 애플의 스티브 잡스도 이것을 알았을 것이다.

오늘 난 문득 어린 시절, 엄마의 말 한마디가 그리웠다.

"얘들아, 밥 먹어라." 하면 밖에 나가서 온종일 쏘다니며 놀던 동생도, 공부방에 박혀 있던 나도, 일을 하시던 아버지까지 온 가족이 밥상머리에 모였다. 단 세 마디가 온 세상을 휘젓는 수많은 말보다, 그 어떤 수사적 기교보다 명징했고, 온 가족을 한곳에 모이게 하는 힘을 가지고 있었다.

비스타고의 휘황찬란한 인테리어와 화려한 리넨으로 장식된 테이블웨어, 온갖 수사학적 언어로 치장된 웨이트리스의 립서비스와 섹시한 외모, 그 모든 것이 넘쳐 오히려 본질이 보이지 않는다. 우린 그곳에 밥을 먹으러 갔지만 넘치는 화려함에 헛배가 부르다.

하긴 지나치게 공허한 때면, 너무 평범한 일상이 반복될 때면 난 이런 분위기를 탐하고는 했다. 넘치는 것에 이미 중독이 된 우리는 그것이 결여되면 금단현상을 일으켜 갈구하게 된다. 비싼 와인을 사서 마시고, 니만 마커스에 가서는 로로 피아나의 값비싼 백이라도 만져 보고 조만간 살 거라는 마음으로 흐뭇해서 돌아와야 마음이 놓이는 시대를 살고 있다.

물질과 감정과 언어가 과잉으로 넘친다. 나쁜 걸까? 좋은 걸까?

시한부의 삶을 사는 여자의 가장 큰 슬픔은 더 이상 쇼핑할 일이 없다는 거란다….

이해가 간다.

여행,
참을 수 없는 존재의 가벼움

    내 오피스 벽엔 미국 본토인 북미아메리카 전도와 세계지도가 붙어 있다. 내가 있는 오렌지카운티를 중심으로 형광펜으로 수없이 많은 줄들이 그어져 있다.

    5번을 따라 샌디에이고에서부터 샌프란시스코를 거쳐 시애틀, 밴쿠버까지 남에서 북으로, 40번을 따라 서쪽 해안에서 동쪽 플로리다를 연결, 잭슨빌에서 다시 95번을 따라 북으로 뉴욕을 향해 가는 선들. 지난여름 내내 내 삶에 반란을 일으키듯 차를 몰고 대륙을 종단하고, 횡단하고자 했다. 여행에 최면이 걸린 듯 몽유병 환자처럼 지도상의 50개 주를 헤매고 다녔다.

    여행은 매일 이름 모를 항구와 도시에 도착하는 것. 여행자나 선원은 새로운 마을에 대한 그리움으로 가득 찬 사람이다. 내일이면 떠나야 하는 길 위에 선 자들이기에 아무런 이해관계도 얽히지 않는다. 호기심만으로 세상을 보는 '참을 수 없는 존재의 가벼움'을 가진 게 여행이다.

"도대체 겁도 없이 홀로 차를 타고 횡단을 하겠다니 적어도 한 달을 길 위에서, 낯선 호텔을 드나들며 할 수 있겠어요? 제발, 참으세요."

다 큰 아들들의 만류에도 불구하고 붙박이처럼 움직이지 않는 삶에 죽을 만큼 위태로움을 느끼고 있던 시간이었다. 붙박이처럼 무겁게 축 늘어진 삶에서 어디에도 붙잡히지 않는 존재의 가벼움으로 떠나고 싶었다. 여행사를 따라, 항공기를 타고 여행할 수도 있었다. 하지만 이들은 시간을 줄이는 대신 눈으로 발로, 보고 걸을 수 있는 공간을 죽이고 있어서 차를 운전하고 싶었다. 여럿이 함께하는 것은 안전과 떠들썩한 즐거움은 담보하겠지만 홀로 나를 만날 수는 없다. 나는 외로운 나와 마주하고 싶었다. 그러면 돌아오고 싶을 것이고, 내가 돌아갈 곳을 지켜 주는 사람들에 대해 잃어버린 뜨거움을 느끼리라 믿었다.

함께 웃은 사람은 잊어도 함께 울었던 사람은 못 잊는 법이라는데 난 함께 울던 사람을 잃었다.

사는 것도 죽음도 자유인 세상. 여행만이 내 존재의 무거움을 털고 새털 같은 가벼움으로 인생을 돌아보게 할 것 같았다.

이런 새털 같은 가벼운 자유가 끝까지 진행된다면 우린 무엇에 의지해 살 수 있을까? 사는 것도 죽는 것도 자유라면 그땐 죽음도, 삶도 무의미해지지 않을까? 하는 생각도 들었다. 일상에 치이고 주변의 따뜻한 이들에 대한 사랑을 잊을 때 '참을 수 없는 존재의 가벼움'으로 떠나 징그럽게 외로움을 타고 오면, 다시 붙박이 정착생활 속 경쟁에 이길 힘을 얻지 않을까?

나를 기다려 주는 사람들, 나와 함께 울어줄 사람들의 존재, 그들과의 관계를 다시 깨닫고 그들을 통해 살아갈 힘을 얻고 싶었다.

나이가 들어가면 세상에 대한 두려움도 그만큼 줄어든다. 그래서 늙은 사람들의 뻔뻔스러움으로 젊어서는 용기를 못 냈을 위험에 자신을 던지는 짓을 할 수 있다. 나이 든 사람들의 용감한 도전, 사업이든 공부든 여행이든, 삶의 남은 시간을 계산하는 순간 용기가 그들을 부추긴다. 자유가 끝까지 진행되면 결국 삶도 죽음도 별 차이가 없는 무의미한 것으로 우리 앞에 있음을 그들은 안다. 참을 수 없는 존재의 가벼움을 느낀다.

두려움이 사라진 이때의 여행은 자신을 발견하기 위한 새로운 시도다.

자신의 존재에 대한 무게감을 확인해야 살 수 있는 삶은 참을 수 없는 존재의 가벼움으로 비워 내는 여행을 통해서 온다. 존재의 무게를 채워 다시 최강의 사람으로, 다시 한번 역경을 뚫고 나갈 파괴력을 갖길 소망하는 것. 그게 삶의 전환점 위에 선 내 모습이기도 하다.

올해 단 1년. 공식적인 백수가 되는 순간 내가 생각했던 것도 여행이었다. 삶의 무게에 지쳐 찌든 나를 깃털처럼 가벼운 존재로 만들어야 했다. 아무런 이해관계에도 매이지 않고, 내일이면 떠나야 하는 여행자처럼 호기심만으로 다시 세상을 보고 싶었다.

실패의 경험도, 나이 들어가는 현실도, 여행자의 참을 수 없는 존재의 가벼움 속에 훌훌 털어 버려야 새로운 시작이 가능함을 알았다.

요가 할 때의 단순한 동작의 반복이나, 산책할 때의 반복적인 걸음들은 나를 고요함으로 이끈다. 심연으로 들어가는 듯한 느낌, 잡념과 집념이 사라지고 착 가라앉는 느낌. 아마도 그때가 깃털처럼 가벼워진 내 존재와 만나는 순간일 것이다.

여행을 통해 그 가벼움으로 길을 찾고 싶었다. 해야 하는 일이 아니라 하고 싶은 일을 찾고 싶었다. 그것은 책상에 앉아 전화나 이메일을 통해 끊임없이 머리를 굴리는 일에서 벗어나, 몸을 굴리는 운전을 통해 아무런 이해관계가 얽히지 않는, 내일이면 떠나야 하는, 여행자만이 가능한 일이었다.

가벼운 여행가방 하나만큼의 삶의 무게로 떠돌다 내가 돌아올 곳을 지켜주는 사람들 곁으로 오고 싶었다. 삶에 대한 욕구가 많아 무거웠던 삶. 나를 가두고 있는 이곳을, 마음속처럼 텅 빈 이곳을 더는 지키지 말고 한 달만 버텨 보자 마음먹었다.

떠나자. 참을 수 없는 존재의 가벼움을 찾아….

남에게
맡기고 싶지 않은 노동

백 야드에 빨강과 보라색 베고니아를 심었다. 패치오 커버엔 흰 페인트를 칠하고, 빨강으로 악센트를 주겠다고 온갖 페인트를 홈 디포에서 사 날랐다. 그런 내 과욕이 사고를 치고 말았다.

사다 놓은 붓과 페인트, 온갖 잡동사니로 그만 가라지 오피스가 창고로 변하고 뜯지도 않은 것들을 버리는 공간이 되었다.

미국에 와서 살게 되면서 남에게 맡기고 싶지 않은 노동이 생긴 탓이었다.

요리책을 사다 나르며 만든 새로운 요리로 가족들이 내 음식엔 고개부터 젓게 하며 입을 버리더니, 요즘은 꽃을 심고 정원을 가꾸는 일이 마치 명상을 하듯 마음을 가라앉히는 효과가 있음을 경험한 후로는 주말이면 로저 가든을 찾아 꽃들을 사다가 백 야드에 쌓아 놓고는 심고 싶어 안달을 한다. 그레이트 파크에서 열리는 가드닝 클래스는 신청만 한 채 가지 못한다. 페인트칠은 또 어떤가.

가구 리폼을 하는 걸 본 후로는 정원의 의자와 조약돌길이 성한 곳이 없다. 실력도 없이 꽃을 그려 넣고, 나무로 된 펜스엔 빨간 페인트칠을 해서 가족을 놀라게 한다. 이 모든 것은 단지 내가 하고 싶은 노동이었다. 그럼에도 불구하고 아직 집안 청소나 세탁은 하고 싶은 노동이 아니다. 그래서 한국식 가사도우미인 마리아를 불러 그녀의 노동을 사서 집안 청소를 한다.

요즈음 나는 자신의 삶을 스스로 보살피던 옛날 사람들의 집이라는 개념을 이해한다. 옛날엔 집은 그날그날을 살며 자신의 생을 한 올 한 올 풍경 속에 적어 넣는 것이었다. 그래서 굳이 더 크고 화려할 필요가 없었다. 그러나 삶이 바뀌면서 크고 화려한 집으로, 집사나 도우미가 필요한 일로 집이 채워져 나갔다.

그러던 집안의 일이 요리며 정원 가꾸기가 매력적으로 다가오면서 이젠 남에게 맡기고 싶지 않은 노동으로 채워진 장소가 되었다. 스스로 가꾸며 내 손으로 삶을 보살피는 자연스러운 세상의 중심에 집이 있다. 살림의 여왕이라는 마사 스튜어트를 흉내 내고 싶었던 걸까? 집에 대해 생각하게 되는 요즘이다.

현대를 사는 우리에게 집은 의미가 달라져 있다. 서울 같은 곳에선 역세권 지역에 위치한 닭장 같은 아파트나 오피스텔에서 밤새 지친 몸을 누이며 그 다음날의 노동력을 비축하는 창고 같은 이미지로, 미국에선 바닷가에 더 크고 화려한 뷰를 찾아 고립되어 지긋지긋한 외로움을 돈을 주고 사는 곳이 되었다. 산 위일수록, 바닷가 동네일수록 비싼 이곳에, 자기들끼리만의 울타리를 치고 스스로를 가둔 부자동네. 더 크고 화려해야 하는 게 집이어서 좁고 허름하면 견딜 수 없다.

고급 마감재와 인테리어로 장식된 수납창고 같은, 집은 무조건 커야 하고, 산이나 바닷가에 있어야 하는 스스로 고립된 외로운 섬, 아랫동네 외부인의 출입은 철저히 통제된 곳, 거기에 비싼 집들이 있다. 그곳에선 모든 노동이 돈을 주고 사서 남에게 맡겨진다. 집 안 풀장과 가드닝, 요리며 집사까지….

남에게 맡기고 싶지 않은 노동이 있다는 것을 잊고 산다. 노동이 주는 치유를 잃고, 삶은 더욱 척박해지는 듯하다.

자연 속, 풍경 속에서 한 올 한 올 이어가던 노동이 주던 가르침과 치유는 거미줄처럼 촘촘히 옥죄인 숨 막히는 웹의 시대를 사는 우리에게 더욱 필요해졌다.

힘들게 일한 후의 카타르시스를 잃었다.

그래서 우리들 가슴엔 차마 입으로 표현하지 못하는 살아 있는 슬픔들이 쌓이고, 마음의 문을 활짝 열고 들어주는 이가 없으면 결코 세상 밖으로 나올 수 없는 이야기들로 답답하다. 쉽게 검색창에 뜨지 않고, 구글링이 되지 않는 절실한 이야기들은 오직 이런 몸을 움직이는 노동에 의해 치유되고 세상으로 나올 수 있는데, 노동을 잃은 우리는 그 절실한 이야기를 함께 잃어 간다.

미국에 와서 일부러 몸을 움직이는 일을 많이 하게 되었다. 그것이 갖는 치유력을 알게 되었기 때문이다. 남에게 털어놓을 수 없는 가슴 속 절규들, 마음을 열어 줄 친구를 만나기가 너무나 어려운 현대를 살면서, 구글링으로 찾아가던 지식에 한계를 느끼며 어디에도 털어 낼

길 없는 가슴속 절규는 노동의 땀을 통해 배설될 때 치유가 됨을 경험했다. 많은 돈을 내고 요가 클래스에 가서 한여름에 뜨거운 히터를 틀어 놓고 온몸을 스트레칭하면 비 오듯 쏟아지는 땀과 함께 차마 입으로 표현하지 못하던 슬픔도 고민도 뱉어져 나옴을 느낀다. 땀을 돈을 주고 산다. 그게 요즘의 내 요가 클래스다.

남에게 돈을 주고 맡기고 싶지 않은 힐링이 되는 노동. 요리, 정원일, 그리고….

그런 노동을 더 많이 가진다면 그만큼 단순해지고 고민도 줄 것이다. 삶이 단순해야 그곳에 살고 있는 행복과 조우한다.

세상은 갈수록 복잡해지지만 정작 내가 추구해야 할 것은 단순함이고, 본래의 노동이다. 몸을 움직이는 노동을 통해 좀 더 본질에 가까이 간다.

부자가 될수록 걸을 시간을 잃고, 스스로 몸을 움직일 시간을 잃고, 질병과 남은 시간을 때우는 온갖 중독에 시달린다. 많고 풍부한 것, 복잡하고 요란한 것이 힘을 갖는 시대는 지났다. 더 많이 걷고, 노동으로 땀을 흘리고, 단순한 것이 힘을 갖는 시대가 된 듯하다.

진정한 나를 찾아 나서는 인문의 숲, 그 속에서 열정의 에너지가 팡팡팡 샘솟길 기원합니다!

– 권선복
도서출판 행복에너지 대표이사
TV 조선 선정 2018 대한민국을 움직이는 영향력 있는 CEO

하루가 멀다 하고 기업의 CEO나 정치인들의 갑질 행태가 사회면을 가득 채우고 있습니다. 그런데 이제는 저명인사뿐 아니라 일반 시민들까지 그 갑질의 주인공으로 등극하며 우리에게 척박한 사회 현실을 보여주곤 합니다.

어쩌다가 우리 사회가 이렇게 흉흉하고 삭막해졌을까요? 우리 모두 뒤처지지 않기 위해 너무 앞만 보고 달리느라 주변을 돌아볼 여유가 없어졌기 때문일까요? 누군가를 탓하기 전에 누군가를 격려하는 세상이 될 수 있다면 그것이 곧 행복한 사회의 초석이 될 수 있을 텐데 말입니다.

바로 여기에 인문학의 진정한 힘이 있습니다. AI(인공지능)가 인간의 영역을 침범할 만큼 빠르게 발전하는 정보화 시대 속에서, 오히려 인간의 사상 및 문화를 대상으로 하는 인문학의 가치가 재조명되고 있기 때문입니다. 인문학은 인간 사회를 구성하는 가장 기본적이고 필수적인 학문이라 할 수 있기 때문입니다.

이 책 『인문의 숲으로 가다』에서 저자는 말합니다.

"인문의 숲에서 만나는 진리는 내가 찾아 헤매던 사랑과 우정의 파랑새가 내 옆과 뒤에 있다는 것이었습니다. 고전이라면 고리타분하다며 진저리를 치던 유치함이 어느새 역사 속 인물들과 만나면서 그분들의 말이 세상을 베는 마음의 칼이 됨을 배웁니다. 둔탁해진 마음의 칼을 벼려야 다음을 살 수 있음을 압니다."

그렇습니다. 저자의 말처럼 사랑과 우정의 파랑새는 멀리 있지 않습니다. 내 가까이에 있는 사람들에서부터 시작하여 현재의 나를 만들어 준 수많은 역사와 역사 속 인물에 이르기까지 어느 것 하나 허투루 할 것이 없습니다. 저자의 안내에 따라 인문의 숲을 거닐다 보면, 어느새 사람을 사랑하고 사람에 대한 사랑이 전제가 되는 것이 곧 인문학임을 깨닫게 됩니다.

모쪼록 이 책을 읽는 독자 여러분 모두 삭막한 세상에서 잠시 벗어나, 희망의 씨앗이 숨 쉬고 있는 인문의 숲에서, 진정한 평화와 열정 충만한 행복에너지가 팡팡팡 샘솟기를 기원합니다.

하루 5분나를 바꾸는 긍정훈련

행복에너지

'긍정훈련' 당신의 삶을
행복으로 인도할
최고의, 최후의 '멘토'

'행복에너지
권선복 대표이사'가 전하는
행복과 긍정의 에너지,
그 삶의 이야기!

인터파크
자기계발 분야 주간
베스트 1위

권선복 지음 | 15,000원

권선복

도서출판 행복에너지 대표
영상고등학교 운영위원장
대통령직속 지역발전위원회
문화복지 전문위원
새마을문고 서울시 강서구 회장
전 팔팔컴퓨터 전산학원장
전 강서구의회(도시건설위원장)
아주대학교 공공정책대학원 졸업
충남 논산 출생

책『하루 5분, 나를 바꾸는 긍정훈련 - 행복에너지』는 '긍정훈련' 과정을 통해 삶을 업그레이드하고 행복을 찾아 나설 것을 독자에게 독려한다.

긍정훈련 과정은 [예행연습] [워밍업] [실전] [강화] [숨고르기] [마무리] 등 총 6단계로 나뉘어 각 단계별 사례를 바탕으로 독자 스스로가 느끼고 배운 것을 직접 실천할 수 있게 하는 데 그 목적을 두고 있다.

그동안 우리가 숱하게 '긍정하는 방법'에 대해 배워왔으면서도 정작 삶에 적용시키지 못했던 것은, 머리로만 이해하고 실천으로는 옮기지 않았기 때문이다. 이제 삶을 행복하고 아름답게 가꿀 긍정과의 여정, 그 시작을 책과 함께해 보자.

『하루 5분, 나를 바꾸는 긍정훈련 - 행복에너지』